LE NOUVEAU PARIS

PAR LE CIT. MERCIER.

VOLUME SIXIÈME.

A PARIS, chez Fuchs, Ch. Pougens, et Ch. Fr. Cramer, Libraires.

LE
NOUVEAU PARIS.

VI.

A

Chapitre CCXXVII.

Bizarrerie.

Quoique la royauté ait par-tout ses agens, ses émissaires, et quelquefois aussi ses partisans aveugles ou purement fanatiques, il faut mettre sur le compte de l'esprit de contradiction ou de la bizarrerie plusieurs événemens singuliers et une foule de propos en l'air. En 1783, dans toutes les sociétés, lorsqu'on venoit à parler des Anglois, on citoit ces deux vers ironiques :

O barbares Anglois, dont les cruels couteaux
Coupent la tête aux rois, et la queue aux chevaux !

On trouvoit ces vers fort plaisans, et chacun d'en rire. Vers ce tems-là encore, on représentoit une mauvaise tragédie de Laharpe, coutumier du fait, intitulée *Jeanne de Naples*, dans laquelle se trouvoient ces deux vers remarquables :

Quand un maître aux sujets prescrit des attentats,
On présente la tête, et l'on n'obéit pas.

„Comme Larive a massacré ces deux „beaux vers!" disoit un marquis en pirouettant dans un sallon doré ; il faut dire :

Quand un roi, des sujets proscrit les attentats,
On lui coupe la tête, et l'on n'en parle pas.

J'ai été vingt fois témoin de la citation de ces vers accueillis avec une gaîté de réflexion : et c'est dans ces mêmes sallons qu'on se lamente éternellement, et par air et par ton, d'une catastrophe amenée par des vents qui ont soufflé des quatre coins de l'Europe.

Au spectacle toutes les allusions étoient saisies contre l'autorité royale; et les mêmes comédiens qui font aujourd'hui les royalistes, se prêtoient aux applaudissemens de manière à les inviter, ou à les faire naître.

Les Parisiens aussi ne se faisoient pas tant tirer l'oreille, lorsqu'il s'agissoit d'aller à leurs sections de *Marat* ou du *bonnet rouge*, au milieu des *Brutus* et des *Cassius* de ce tems-là, jouer à leur aise le rôle des *Démosthènes* et des *Cicérons:* des doubles cordes n'auroient pas suffi pour les retenir dans leurs boutiques, quand venoient six heures et demie : à présent, il faut une loi qui les y envoie, il faut presque obliger les citoyens paresseux ou insoucians à aller voter dans leurs assemblées primaires; ils disent qu'ils ont peur d'un coup de chaise, d'une taloche; ils se disent trop *honnêtes gens* pour se mêler de l'élection des magistrats du peuple.

Ce n'est pas seulement un droit pour chaque citoyen, c'est encore un devoir; et ce devoir est méconnu à l'instant où j'écris; on est même sur le point de le tourner en ridicule.

Telle est la bizarrerie de l'esprit humain; ou bien tel est l'esprit de contradiction qui se jette dans l'inverse, ou par lassitude, ou pour paroître n'obéir qu'à ses propres caprices. Il seroit assez difficile d'expliquer tout ce qui excite ou rallentit soudainement la chaleur d'un peuple; il s'élevoit à telle époque contre les rois, il semble les regretter à telle autre; il se plaisoit à exercer ses droits de souverain, il est le premier à s'en moquer; toutes ces nuances si rapides, si opposées rendront la plume de l'historien indécise, incertaine. Sans doute il y a eu des causes déterminantes, mais des effets aussi contraires sont difficiles à éclaircir.

Autrefois à Athènes on fermoit à certains jours toutes les portes de la ville;

on ne laissoit de libres que les rues qui conduisoient aux *assemblées primaires;* et c'étoit fort bien fait. Les Athéniens ne regardoient pas cette loi comme attentatoire à leur liberté : ce n'étoit point pour eux une gêne, c'étoit une impulsion légère qui déterminoit leur volonté et ne la contrarioit pas. Ils rioient ce jour-là de leur propre indolence; et tout en riant, ils exécutoient la loi.

Parmi ceux qui ont le droit de voter, à peine y a-t-il la dixième partie qui daigne en prendre la peine : comment expliquer cette insouciance, lorsque du matin au soir l'on ne s'entretient que des affaires publiques ?

Chapitre CCXXVIII.

Dessins de Lebrun.

Ce qui attache le plus la foule dans la magnifique galerie des dessins au Louvre, ce qui fixe l'œil, la réflexion et la pensée de tous les regardans, ce sont les singuliers dessins de Lebrun, qui a rapproché la physionomie de certains hommes, de la face des animaux : alors chacun se recueille, compare les principaux traits de la physionomie des hommes qu'il a vus ou connus, et il trouve une sorte de ressemblance, plus ou moins éloignée, avec celle des animaux. Quelque grossière que soit cette ressemblance, elle suffit pour nous rappeler les idées de finesse ou de stupidité, de douceur ou de

férocité que nous donnent certaines physionomies.

Après cet examen, tel file furtive-
ment vers les grands miroirs du fond de
la galerie pour vérifier dans la glace sa
figure, et savoir si elle tient du coq - d'Inde
ou de l'aigle, du dromadaire ou du lion,
du singe ou du cochon. Mais rien ne
s'apprend moins par comparaisons ou par
les règles, que la science de la physionomie. Il faut éloigner tout rapport purement matériel; l'étude des physionomies n'est point une science; c'est un
instinct. Il faut sentir et deviner, il
faut être né physionomiste.

L'astronomie et l'ostéologie ne vous
feront point parvenir à la connoissance
du caractère de l'homme; c'est à votre
œil à démêler l'intérieur: la sottise et la
cruauté se rencontrent dans une belle figure, ainsi que la bonté et la finesse
dans une tête socratique.

Écartez les portraits, sur-tout ceux
des grands personnages, ils sont tous

faux ou factices; puis tous les portraits ne montrent de nous qu'un instant de notre visage, et encore altéré. On a fait des portraits de Voltaire à l'infini; tous se ressemblent, et il n'y en a pas un, pour moi, qui soit ressemblant à l'homme; il tenoit beaucoup de la famille du grand singe, mais il avoit un œil étincelant, qui ôtoit la laideur au reste du visage.

Ce qu'on appelle air, figure, mine, traits, tout cela change, mais la physionomie est indélébile; elle se retrouve sous les rides de la vieillesse, comme sous les couleurs du jeune âge. Non-seulement elle échappe au pinceau, au cizeau, mais la parole même ne sauroit toujours la peindre. Ne nous en étonnons pas; ce souffle divin qui est en nous, qui est caché en nous, ne peut être saisi que par notre intelligence, par l'acte le plus pur de notre intelligence, par le rapport qui s'établit entre deux ames qui se cherchent, ou qui se parlent pour se connoître à fond.

Le charlatanisme s'est emparé de la science de la physionomie, parce que c'est une espèce de dictature morale, qui ne laisse pas que d'inquiéter souvent ou notre amour-propre, ou notre dissimulation : mais je pense que ni l'anatomie, ni l'observation de la partie animale de l'individu, ni le rapprochement entre la face des animaux et le visage de l'homme, ne forment le vrai physionomiste. Les exceptions étant beaucoup plus nombreuses que les règles, ces dessins qui nous effrayent ou qui nous alarment, sont des rêveries de peintres.

Robespierre ressembloit, il est vrai, à un chat sauvage ; Marat à un oiseau de nuit ; Collot-d'Herbois avoit dans son front dur et étroit quelque chose du tigre : il y a des bouches visiblement cruelles ; et combien étoit apparente celle de Billaud-de-Varennes ! c'est avec ces yeux farouches, et dans cette froide et immobile attitude, qu'il eût assisté aux funérailles de l'univers *). Et ce Danton, que le plaisir ne rendit pas humain, ce qui est la véritable marque d'un caractère féroce, quel cachet sur sa figure hideusement écrasée! l'éternelle pâleur de C****: malgré tout cela, ce qui compose notre physique, est une structure si trompeuse, qu'il est impossible de connoître le moral par les ressorts de notre machine: il faut aller bien au-delà de la matière pour saisir l'ame d'un homme quelconque.

Le portrait tranquille, est beaucoup plus difficile à faire, que lorsqu'on lui donne une passion. Les passions ne peuvent guères être équivoques; les moutons se ressemblent; et les femmes se ressemblent beaucoup plus entre elles

---

*) J'ai caractérisé le premier Mirabeau, en disant de lui, qu'il ressembloit à un lion qui auroit eu la petite vérole; mais ce seroit une absurdité de prétendre que cette ressemblance influoit sur son caractère.

que les hommes; les apparences sont infiniment plus variées chez ces derniers.
Je suis très-fondé à croire que tous les
livres et les raisonnemens sur la physionomie, ne peuvent qu'égarer. Des
planches anatomiques sont sur-tout ce
qu'il y a de plus trompeur. Un bûcher
n'est plus un arbre.

L'homme n'est pas tout entier dans
son visage, ni même dans sa tête, ni
même dans son buste; il est dans sa dé-
marche, dans son accent, dans son
geste, dans son attitude, dans son repos,
dans son sommeil.... Dieu! j'ai dit la
moitié de mon secret, dans son sommeil!... L'homme qui dort, en dit plus
au physionomiste par instinct que.... ef-
frayant sommeil du méchant!.... Je
voudrois que tous les hommes publics
fussent obligés de dormir publiquement.

Écartons les portraits, les dessins,
les sillouettes, laissons-là l'os coronal,
la longueur des mâchoires, la distance
des yeux, le nez plus ou moins long,

les mentons plus ou moins pointus, les lignes droites ou transversales : que l'œil qui est doué de cet instinct précieux que l'on tient de la nature, et que l'on ne puise point dans les livres, rencontre l'œil de l'homme qu'il veut juger : on ne peut apprécier que la vie, et tout portrait est mort.

Un curieux avoit lu, le soir, dans un de ces livres qui amusent et qui trompent, que ceux qui ont la barbe large portent le signe de grande étourderie ; il voulut voir la sienne au miroir, avec la bougie ; en l'approchant de trop près, il en brûla la moitié, et écrivit aussi-tôt sur la marge du livre : *Pour celui-là, il est éprouvé.*

L'homme ne ressemble qu'à l'homme, il est un point unique dans la création. La forme de chacun de ses membres fut le produit d'une pensée sublime. Il est posé debout sur la terre ; et son pied n'y touche que par un point, comme pour l'avertir qu'il ne doit pas s'y attacher, et que son éternelle patrie, est plus haut.

Dans l'organisation de ce corps admirable, il y a des beautés cachées, plus admirables encore! Une ligne de démarcation est tracée solemnellement par la main de Dieu entre l'homme et la brute; et je détourne la vue du crayon impie, qui, à l'aide de quelques linéamens, osa assimiler le visage de l'homme au mufle du bœuf stupide, ou à la tête opiniâtre du chameau au long col, faire des hommes-chevaux, des hommes-lions, des hommes-pies, des hommes-sapajous etc.

Je prendrai le crâne d'un singe, je le comparerai à celui de l'homme; et loin d'y trouver la même configuration, je ne reconnoîtrai jamais dans la boîte étroite qui renferme la cervelle de cet être malicieux, le siége du cerveau qui inventa la montre. On ne réussira pas mieux à me prouver que le nez aquilin est un signe de méchanceté, parce qu'il rappelle le formidable bec de l'aigle déchirant sa proie.

Le peintre qui, le premier, représenta Adam et Eve dans le paradis terrestre, environnés de tous les animaux paisibles et soumis, fit un tableau magnifique, à nul autre comparable. Là, chaque animal a sa physionomie primitive depuis le lion terrible, jusqu'à l'innocente brebis ; mais la plus belle figure est celle de l'homme ; et lorsque je vois sa tête dominer si fièrement, je me dis : Voilà le premier être vivant de la nature ; les autres ne doivent que ramper à ses pieds.

Or je n'ai pas dit qu'il ne falloit pas consulter le front, les yeux, la bouche ; cependant la bouche se compose, l'œil s'hypocrise, le front dissimulé ; la main a un caractère inaltérable, et l'aplomb du pied ne sauroit se contrefaire. J'ai dit que le vrai et dernier cachet du caractère de l'homme, étoit sur la main et sur le pied *). L'animal a la tête et le crâne, il n'a point la main, il n'a point le pied.

Nos pères disoient que le diable avoit le *pied fourchu* **). Le sage ne dédaigne point ces idées antiques, ainsi qu'il ne rejette point les anciens proverbes; mais tout est extraordinaire pour la sotte ou froide habitude, comme tout est paradoxe pour la paresse et l'inobservation.

La main en se déployant, forme le demi-cercle; elle a la puissance d'ar-

---

*) Je n'ai point dit les *pieds*, ce qui seroit un gros contre-sens, et dénatureroit totalement ma pensée; j'ai encore moins parlé des signes de la main. Je dédaigne la chiromancie. La main parle pour qui sait l'examiner, ouverte ou fermée; voilà tout ce que j'ai dit.

**) Ce diable ou ces diables, c'étoient le faune, le satyre, l'égipan; et ainsi dans la plus horrible dégradation de l'espèce humaine, la nature reproduisoit la tête, mais non le pied.

VI.   B

rêter par la culture, la pétrification du globe, et d'améliorer pour les générations futures, la grosse nourrice du genre-humain. C'est la main qui forme sur l'orgue le cantique adorateur. La langue semble impuissante pour ce religieux hommage. Celui qui vous donne un baiser perfide, n'ose vous livrer sa main. L'eunuque le plus hideux, c'est une main glacée.

La main de la *Brinvilliers*, qui glissa sept fois le poison dans les alimens de son père, si elle existe encore, vous la reconnoîtrez, car vous éprouverez en la voyant un frémissement secret.

Quand Vestris s'élance, tombe; s'élance encore, retombe dans un admirable aplomb; se détache du sol comme à volonté, le rase comme l'oiseau, tourne, vole avec grace et rapidité, et toujours dans un juste et parfait équilibre; c'est sur le bout du pied qu'il fait l'archange! Les spectateurs enchantés, voyent en lui un grand danseur, moi j'y découvre une bien autre image; il se détache de la terre, il rompt les liens de la pesanteur, il n'appartient plus qu'à l'air; dans nombre d'instans, il s'assimile à sa destinée future; il prélude à ces jours de gloire et de félicité, où la pensée et le mouvement ne seront qu'un. Après avoir admiré Vestris, voyez l'ignoble et pesante animalité dans le saut d'un singe, dans la danse d'un ours.

Examinez le pied nud, examinez ensuite comment l'homme pose son pied, et accomplit plus ou moins bien la belle ligne perpendiculaire! qu'il soit déformé par la chaussure, qu'il né le soit pas: une statue antique qui est mutilée, n'en est souvent que plus belle. Il ne faut qu'un trait pour y reconnoître le cizeau de *Praxitèle.*

C'étoit une ancienne coutume que de baiser respectueusement le pied des morts; on jugeoit même de leur état de béatitude par un certain calme ou repos. L'enfant se dégage, par le pied, de la prison maternelle : le pied enfin est la base de l'édifice merveilleux ; et ce pied, pétri divinement, n'appartient qu'à *l'être-ternaire.* Les peintres et les sculpteurs vous diront que l'expression du pied est le dernier effort de leur art ; celui du *Milon de Crotône,* crie, et je n'ai plus besoin de voir la tête souffrante.

Le lendemain des massacres de Septembre, je descendois à pas lents la rue St.-*Jacques,* immobile d'étonnement et d'horreur, surpris de voir les cieux, les élémens, la cité et les humains tous également muets. Déjà deux charrettes pleines de corps morts, avoient passé près de moi : un conducteur tranquille, les menoit en plein soleil, et à moitié ensevelis dans leurs vêtemens noirs et ensanglantés, aux plus profondes carrières de la plaine Montrouge, que j'habitois alors ; une troisième voiture s'avance..... un pied dressé en l'air sortoit d'une pile de cadavres; à cet aspect, je fus terrassé de vénération; ce pied rayonnoit d'immortalité! Il étoit déjà céleste, celui à qui il avoit appartenu! et la dépouille portoit un signe de majesté que l'œil des bourreaux ne pouvoit apercevoir. Je l'ai vu, ce pied; je le reconnoîtrai au grand jour du jugement dernier, lorsque l'éternel, assis sur ses tonnerres, jugera les rois et les Septembriseurs.

Un monde sans Dieu, a dit l'athée! mais Lavater, vous, lecteur, et moi, qui voyons plutôt un Dieu qu'un monde, lorsque dans l'univers et dans l'homme tout est plein de la divinité, cherchons, examinons et découvrons où est le cachet particulier dont elle a empreint ici bas ses créatures de prédilection.

Chapitre CCXXIX.

Souvenirs de Babylone.

Paris, en offrant à l'admiration de tous les peuples de l'univers le palais immense des Tuileries et son magnifique jardin, la colonnade, le Garde-meuble, l'hôtel des Monnoies, le portail de Servandoni, celui du Panthéon, le Palais-royal, et tant d'autres somptueux édifices, leur laissera néanmoins toujours à desirer des rues plus larges et mieux alignées, des maisons coupées par des espaces libres, des places publiques plus vastes et plus aérées, des aquéducs plus nombreux pour les arroser et y maintenir la salubrité.

Les tableaux, les statues et les médailles de l'Italie n'ajouteront rien à sa beauté, à sa commodité extérieure. Ce monde mythologique, prisonnier dans ses étroits muséums, parlera-t-il aux yeux du voyageur philosophe aussi éloquemment que la place où fut Babylone, cette cité superbe, qui occupoit sur la rive orientale de l'Euphrate un espace de six lieues de longueur, qui étoit voisine de Palmyre et du pays des perles et de l'or.

Non, Paris ne laissera point dans l'histoire, des traces de grandeur et de magnificence comparables à celles de Babylone dont les murs surpassoient en hauteur les tours de Notre-Dame, qui ont 204 pieds d'élévation. La largeur de ces murs étoit de 64 pieds; et trois chars y pouvoient passer de front.

Les murailles étoient flanquées de 250 tours.

Ses jardins suspendus avoient près de deux arpens de superficie.

Et qu'on ne s'imagine pas que toute l'aire de la ville fut surchargée de maisons comme à Paris.

D'après le témoignage de Quint-Curce, il n'y avoit des édifices que dans l'espace de 90 stades. Les bâtimens étoient isolés les uns des autres, pour prévenir les ravages des incendies.

Les habitans labouroient et ensemençoient tout le reste, et pouvoient, en cas de siége, se nourrir du grain qu'ils recueilloient de ce fond.

Les terres labourables contenues dans l'enceinte de Babylone se partageoient en 73602 arpens; et toute la superficie du terrein renfermée dans ses murs, étoit de 78509 arpens.

Un arpent de terre produisoit de quoi fournir à la subsistance de 60 personnes; et les impositions du gouvernement, montoient par an, à environ 50 millions de notre monnoie.

Dewailly, architecte, a exposé, il y a plusieurs années, au sallon du Louvre, un projet de reconstruction graduelle des rues, des édifices et des places de Paris avec des embellissemens.

Ce plan nouveau qui remontroit Paris avec une régularité si desirée, mais laissoit toujours les maisons les unes contre les autres, faisoit regretter aux amateurs des beaux arts et de l'antiquité, l'intelligence du plan de Babylone. Celui de l'architecte moderne n'avoit prévu ni les cas de siége, ni les événemens du feu contre lesquels toutes les compagnies d'assurance possibles seront inévitablement insuffisantes.

Chapitre CCXXX.

Propos rebattu.

Un des reproches les plus communs de la gent parisienne, ce qu'on entend ré- péter le plus fréquemment, le propos en- fin qui circule sans relâche dans l'épaisse bourgeoisie, c'est celui-ci : Pourquoi la majorité de la Convention s'est-elle laissé battre par la minorité ? pourquoi, avec des intentions pures, n'a-t-elle pas su garder la victoire ? On répond que la mi- norité de la Convention étoit soutenue par la société des Jacobins, par la com- mune de Paris qui avoit en main la force armée, par les sections royalistes, par une foule d'étrangers qui pervertissoient

l'opinion publique; on répond encore
que le peuple de Paris n'a jamais voulu
distinguer les républicains des anarchistes; qu'il se dissimule à lui-même
la tendance qu'il a toujours eue vers le
royalisme, dans l'espoir confus qu'un
monarque lui apporteroit de grandes richesses; on peut ajouter encore, que,
quoique la représentation nationale fasse
sa sureté et son opulence, il n'a jamais
bien senti l'avantage de la posséder; que
mû incessamment par des idées fausses,
tous les actes de gouvernement ne sont
pour lui que des scènes théâtrales plus
ou moins curieuses, plus ou moins amu-
santes : spectateur oisif, il ouvre l'o-
reille aux clameurs indécentes encore
plus qu'à la voix de l'homme sensé;
il aime à suivre le jeu des intrigues,
et même des violences; jamais, pour
lui, la chose publique ne court de
grands dangers; comme il est au centre
des mouvemens, il ne se croit pas soumis à la rotation; et s'il y a un gouver-

nement, il n'est-là selon lui, que pour le choyer de préférence, et protéger les boutiques.

Telles sont les idées parisiennes; elles sont analogues à celles de supériorité sur les autres départemens, que Paris ne sauroit abandonner, vu que l'or, l'argent, les magazins et les richesses de toute espèce, les dépôts des arts et des sciences ne conviennent qu'à la capitale.

Entre la faction royaliste et la faction anarchique, le Parisien n'a pas gardé le milieu; il a caressé tour-à-tour l'une et l'autre; il n'a point paru s'alarmer des journées insurrectionnelles; il a fallu enfin pour lui plaire, avoir une physionomie plus ou moins factieuse; le sage, le prudent, l'impartial, le philosophe ne sont point ses hommes.

Son esprit public est en général un mélange des deux factions; et pour tout dire en un mot, s'il osoit se prononcer, ce seroit pour le royaliste à bonnet rouge.

Il a pu détester la tyrannie des Robespierre et des Marat, mais il applaudis-
soit tout bas à la guerre qu'ils ont faite
aux riches; et cependant les riches sont
ceux pour lesquels il a le plus d'amour et
de vénération. On peut dire que son favori, l'homme qui, sans les circonstances
contraires, eût été véritablement son
idole, celui enfin qu'il eût porté très-
haut, c'étoit Babœuf.

Babœuf et sa clique auroient été sou-
tenus par cette foule brutale et nom-
breuse qui a peuplé les comités révolutionnaires, et qui se souvient d'avoir
couché dans nos lits, d'avoir bu le vin
de nos caves; et qui, appelant aristocrates
et suspects tous ceux qui avoient une
bibliothèque ou une pendule, s'apprêtoit
à mettre sous les scellés tous les meubles
de notre succession, comme devant être
légalement partagés.

Chapitre CCXXXI.

Professorat.

Le professorat, si l'on n'y prend garde, va remplacer parmi nous le sacerdoce, et recréer une foule d'hommes à verbiage, à prétentions, à chicanes, à misères, largement soudoyés et parfaitement inutiles.

Il y a de quoi dilater la rate de vingt Démocrites, et de quoi fournir des tableaux à dix Molières, en voyant ce régiment de professeurs *d'entendement humain*, de *législation*, d'*histoire*, de *morale*, d'*économie politique:* des professeurs et point de disciples! c'est que les disciples pourroient en ce genre, se dire professeurs, tout comme les professeurs eux-mêmes.

Des professeurs d'histoire! eh! pauvre disciple, prends un livre, et lis. Ton professeur inventera-t-il l'histoire? nos bibliothèques sont-elles réduites en cendres?

Economie politique, législation, entendement humain! encore des professeurs! ô mon cher Rabelais!

Ces matières-là, qui touchent de si près à de profondes obscurités, ne s'enseignent point; l'homme né pour ces connoissances, s'y élance de lui-même; et la direction, en ce genre, abâtardit beaucoup plus l'esprit qu'elle ne l'élève.

Or, après tant de professeurs, on veut encore des professeurs de langues étrangères? Des langues étrangères! je croyois qu'il n'y avoit plus qu'une langue en Europe, celle des républicains Français.

Même avant la révolution, notre langue étoit celle de l'Europe; tous nos livres étoient traduits ; nous n'étions étrangers nulle part ; on nous répondoit en Français de l'embouchure du Tage à celle de Newa : la France préludoit à ses hautes destinées par ses grands écrivains ; notre langue ne dégénérera point entre les mains d'un peuple libre.

Non - seulement la langue française est la plus riche en ouvrages de goût et de génie, mais c'est encore la langue la plus aimable. Dès que vous entendez la prose, vous comprenez les vers. Il n'y a presque pas de différence entre la prose de Télémaque et les odes de Rousseau ; elle contraint chaque écrivain à suivre les règles établies. L'écrivain le plus illustre ne sauroit être audacieux, ainsi que l'écrivailleur ne peut donner des entorses au stile. C'est cette régularité qui commande à tout auteur, malgré la foiblesse de son génie, un certain sens droit, une clarté, un ordre d'idées que l'on ne rencontre point chez nos voisins, où l'inversion capricieuse, la perturbation, des périodes favorisent encore toute imagination déréglée.

Ne seroit-il pas à craindre qu'un commerce trop étroit avec des langues étrangères, n'altérât parmi nous ce stile clair et lucide, ce stile national que l'Europe admire, et ne nous précipitât dans la bouffissure ou dans l'enflure orientale.

D'après le souhait universel depuis si long-tems prononcé, qu'il n'y ait qu'une langue en Europe, ne pouvons-nous pas ajouter sans orgueil, que ce sera la nôtre qui obtiendra cet honneur.

Une langue morte est fixée, une langue vivante ne l'est pas. Comment deviner toutes ces nuances si variées si changeantes? Il y a chez tous les peuples de l'Europe la langue lettrée et la langue populaire. On peut savoir l'une, ignorer l'autre : les enseigner toutes deux, chose impossible.

La langue du *Dante* est une autre langue que celle de *Métastase ;* la langue de *Klopstock* n'est plus celle

VI. C

de *Gesner ;* et comme parmi nous *Montaigne, Marot* et *Rabelais* ont un autre stile que *Chaulieu, Dorat* et *Parny,* de même chez nos voisins cette différence de langage existe de province à province, et de ville à ville. Qui m'assurera que le professeur ne me donnera point un jargon particulier, au lieu d'un langage déterminé? Et si par goût ou par erreur il alloit distribuer à ses disciples un langage suranné, que reviendroit-il à l'étudiant d'entendre *Chaucer,* et de ne pas savoir demander son chemin en *Anglois?*

J'aurois dit une grande absurdité, si j'avois condamné l'étude des langues vivantes. Que l'on m'entende: je n'en condamne que le *Professorat,* parce que je suis convaincu par mon expérience qu'une langue ne s'apprend que par les yeux.

J'ai été professeur, et je soutiens qu'il est aussi impossible d'apprendre une langue de la bouche d'un professeur

public, parlant à vingt ou trente éco-
liers, que d'apprendre la pyrotechnie en
voyant un feu d'artifice.

L'enseignement d'une langue ne sauroit se comparer à une expérience de
physique ou de chymie. Il faut que le
disciple s'exerce au maniement perpétuel
du dictionnaire, qu'il cherche lui-même
ses mots, qu'il pèse sur les composés,
et qu'il y revienne plusieurs fois. On
a besoin alors, non d'un professeur,
mais d'un pédagogue, d'un maître particulier tout à vous, patient, attentif,
zélé, qui vous mène pas à pas, et qui
n'en laisse pas faire un seul sans l'af-
fermir. Ce n'est qu'ainsi que l'on dévore les premières difficultés d'une
langue; et sans la pratique constante
des échelons, l'on ne sauroit monter.

Voulez-vous que la France possède
une littérature vraiment grande, vraiment neuve, vraiment originale? législateurs, abandonnez-la à elle-même.
La plus grande erreur du gouvernement

est de vouloir tout gouverner. Voulez-
vous que l'instruction publique fasse les
plus grands progrès? protégez-la, mais
ne la soudoyez pas; favorisez les insti-
tuteurs de toute espèce, mais que la République ne les salarie point; récom-
pensez les travaux, mais ne donnez
point de places: car on court après les
places; et les professeurs oiseux et ba-
vards sont les hommes oisifs qui restent toujours médiocres.

Ces arts de luxe, ces arts de convention, ces arts brillans ou de goût
ne seront dès-lors cultivés que par ceux
qui y sont poussés par un génie irré-
sistible, gage de leurs succès. La littérature est déjà par elle-même une
coupe assez enivrante, pour qu'on n'y
appelle pas indifféremment ceux qui ne
sont pas nés pour y porter les lèvres.
Le goût de la littérature a fait une foule
d'infortunés. Il faut resserrer le troupeau des littérateurs au lieu de l'étendre;

et je le dis hautement pour l'intérêt de la République.

Des études superficielles de quelques poëtes et de quelques orateurs ont engendré cette horde de folliculaires libellistes, qui, comme les sauterelles de l'Egypte, ont mis en putréfaction la récolte entière. Il ne reste plus, pour les punir, qu'à les enhardir à écrire, à écrire encore.

Chapitre CCXXXII.

Sépultures.

Le scandale des sépultures a duré quelque tems ; c'étoit une suite des idées et des réquisitoires de Chaumette. Il avoit annoncé au peuple qu'il n'y avoit plus rien après la mort ; et lorsque j'étois prisonnier, j'ai entendu mon commissionnaire âgé de 14 ans, me dire : Il n'y a plus de Dieu ; il n'y a plus que l'Être-suprême de Robespierre. L'athéisme avoit commencé ses ravages.

Mais falloit-il donc des lois pour dire au fils de ne point abandonner le corps de son père, pour obliger l'ami de suivre le cercueil de son ami, de ne point le laisser s'avancer solitaire, porté par des bras soudoyés, sans cortége, sans deuil, vers une fosse où il étoit jeté comme le plus vil animal? On eût dit que l'amitié, la nature et l'amour n'existoient plus. Plus de larmes, plus d'accompagnemens; le cadavre restoit seul; et quand il traversoit les rues, on ne pouvoit savoir s'il avoit laissé sur la terre un seul être qui l'eût intéressé.

Cet abandon, cette sollitude, cette indifférence, ce froid mépris pour un parent, pour une mère, pour un ami, avoient quelque chose de trop révoltant, pour ne pas rappeler des devoirs de tous les peuples policés, et même des nations sauvages. Il étoit impossible que la dignité de l'homme fût outragée plus long-tems : lorsque l'échafaudage du matérialisme s'écrouloit avec les échafauds, on porta à la tribune un projet de loi; il me parut en général si incomplet, si insuffisant, si dangercusement novateur, que je pris la parole, et voici ce que je dis alors *).

„Je me sens comme entraîné à cette tribune pour y combattre le projet d'une résolution qui vient de vous être présentée par Daubermesnil, au nom d'une commission spéciale, séance du 21 Brumaire. Ces sépultures privées, que reclame la plus fausse sensibilité, ces bûchers infects, ces flammes cadavéreuses, cette soustraction des morts à la terre, notre mère commune; toutes ces inno-

---

*) Ce discours donnera une idée de la disposition où étoient encore les esprits, et des étranges maximes que l'oubli total des principes religieux avoit répandues chez ce peuple trompé et malheureux. Oh! je le répéterai sans cesse, trop célèbre Voltaire, tu fus par tes licencieux écrits, sans le savoir et sans le prévoir, le *précurseur de Chaumette.* Les journalistes en rendant compte de mon discours, dirent que mon organe étoit foible, et qu'on ne m'avoit pas entendu: on ne m'avoit que trop entendu! mais plusieurs aiment à faire la sourde oreille, dès que l'on combat les systêmes des matérialistes.

vations contre des usages anciennement établis, révoltent en moi l'esprit, la raison, le sentiment. Eh! que veut-on aujourd'hui? Nous redonner les dieux Lares, les autels domestiques, les urnes cinéraires, les phioles, les lacrymatoires des anciens; ou bien refaire les momies d'Egypte, nous recouvrir de bandelettes, et nous repousser ainsi dans les erreurs et dans les extravagances du paganisme.

„Voilà la deuxième lecture de cet étrange rapport qui vous est faite: eh! comment a-t-on pu glisser là-dessus si légèrement? Eh! l'on ne brûloit parmi nous que les empoisonneurs et les pédérastes!

„Les grossiers plagiaires des coutumes anciennes vont bientôt vous apporter ici les ridicules usages de tous les peuples de la terre, qu'ils auront puisés dans des dictionnaires: et nos esprits bizarres, ils pullulent! c'est à qui s'évertuera à en copier les gravures plus ou moins extravagantes. Toutes les céré-

monies funèbres des nations, et les plus
superstitieuses, vont se donner rendez-
vous en France, et s'y naturaliser au
gré de tous les maniaques présens et
futurs.

„Les inhumations et sépultures
tiennent tout à la fois à des rapports
religieux, civils et politiques; et ces
rapports sont si délicats, qu'il faut user
de la plus grande sagesse pour les concilier. Prenons garde que les morts ne
troublent le repos des vivans; cela s'est
vu dans bien des pays; j'en atteste l'histoire, celle sur-tout des vampires; il y
a dans le projet de quoi la renouveller;
et les sépultures privées que l'on vous
propose, je le crains avec quelque fondement, pourroient nous conduire à des
troubles tout aussi imprévus. Que l'image
de la mort ne perde point par vous son
caractère; le modifier au gré des hommes,
c'est le dégrader; que ce caractère religieux soit toujours uniforme.

„Vous sentez déjà, législateurs, l'extrême difficulté d'une loi sur ces objets sérieux, et sur-tout dans les circonstances actuelles; ne précipitons rien, ou plutôt usons d'une sage circonspection: car l'on veut encore abuser du mot *liberté*, de ce terme abstrait, en disant que les cadavres de nos proches, de nos femmes, de nos amis, nous appartiennent. Non!... non!... ils appartiennent indistinctement à la terre, qui leur a prêté ses élémens, et n'appartiennent qu'à elle.

„Toute innovation en ce genre pourroit enfanter des rivalités orgueilleuses, des distinctions insolentes, et des débats scandaleux: ce seroit enfin donner un aliment perpétuel à des imaginations plus ou moins vives, plus ou moins superstitieuses. Eh! quoi de plus propre à nourrir la superstition, que ces cérémonies lugubres que chacun pourroit modifier à son gré!

„ Si la décence a été blessée de nos jours, lors du bouleversement de toutes les idées, de simples lois de police ont pu, et peuvent encore réparer de tels abus; mais je puis vous attester qu'ils n'existent pas au moment où je parle. Chaque jour d'heureux changemens s'accomplissent sans tumulte, sans efforts et sans bruit; et c'est ainsi, si je ne me trompe, qu'il faut opérer sur ces difficiles matières.

„ Quand un peuple a eu le malheur de ne pouvoir fondre d'un seul jet ses institutions civiles, religieuses et politiques, ou que, plus à plaindre encore, il s'est trouvé dans des circonstances extraordinaires qui s'opposoient à leur réunion, il doit attendre du tems que cette opposition disparoisse.

„ C'est autour des tombeaux que l'imagination humaine crée, amoncèle les fantômes; et c'est dans ce moment qu'il ne seroit pas aisé de lui imposer un frein, pour peu qu'on eût caressé ses

premiers écarts. L'imagination alors
devient tout aussi redoutable que le profond mystère qu'elle contemple.

„Dès que l'ame, émanation de la divinité, a abandonné le corps de l'homme,
ce corps n'est pas plus lui, que son
manteau; il faut respecter ces restes,
mais sans idolâtrie, et prendre soin
même d'écarter tout ce qui pourroit lui
ressembler. L'orgueil a bâti les mausolées, et ne tend qu'à les rebâtir. Que
demande le corps de l'homme privé du
soufle divin qui l'anima? de rentrer
dans la terre; parce qu'il est fait pour
s'y décomposer lentement et successive-
ment, et par des lois de physiques et
reconnues. C'est-là qu'il accomplit la
dette qu'il a contractée en naissant, et
il n'est honorablement et utilement que
là.

„Vouloir brûler ce corps, comme le
demande le rapporteur, est une erreur
grossière, si ce n'est pas au fond un attentat physique, un sacrilége envers la

nature; car c'est empêcher le reversement des matières composantes qui forment la nourriture, la richesse et la parure du globe.

„Le feu est un destructeur violent qui change la nature de tout ce qu'il dissout; il raviroit donc à la terre ce qu'elle a droit d'attendre pour la reproduction des végétaux et pour la formation des terres calcaires. Le feu donneroit tout à l'air, et ce seroit une déperdition en pure perte. Le bûcher d'ailleurs exigeroit des combustibles, et nos forêts se perdroient en vaine fumée, au lieu d'alimenter nos foyers et nos forges.

„Les anciens, si pauvres en physique, ont mal raisonné le brûlement des corps; il répand d'ailleurs une infection qui n'est encore que le moindre inconvénient de cet usage irréfléchi. Non! il ne doit pas être libre à tout individu de s'emparer du corps de son père, de son fils, de son épouse, de son amante, de son ami. Bientôt nos

maisons seroient transformées en cimetières ; l'orgueil ensuite imagineroit des
funérailles qui auroient leur dangereuse
singularité. On nous offriroit de nouveau des châsses où l'or et l'argent cou-
vriroient des ossemens. On reverroit les
épitaphes, les pleureurs salariés ; on
entendroit encore ces mensonges, qui,
sous le nom d'oraisons funèbres, reten-
tissoient dans des bouches emphatiques.

„La loi effroyable, qui laisseroit les
cadavres au pouvoir des individus et de
leurs fantaisies, condamneroit ces corps
à être profanés, et même par la tendresse
conjugale ou filiale. La bizarrerie, la
fausse sensibilité reproduiroient de coûteux embaumemens, avec des momies
qu'on étaleroit avec une sorte d'osten-
tation ; enfin des extravagances outrées
signaleroient leur empire dans un champ,
qui, je le répète, provoque l'imagination aux plus dangereux écarts. On verroit l'un enlever ce muscle qu'on nomme
le coeur, et grossièrement trompé par ce

mot, il croiroit posséder autre chose qu'un viscère. Un stupide admirateur enleveroit la cervelle à un savant, et il s'imagineroit avoir ce qui fut son intelligence.

„La vraie sensibilité, si distincte de la sensiblerie, s'attache, non à des objets matériels et hideux, mais à une lettre, à un souvenir, à une époque, et surtout à un acte moral.

„Idolâtrie! veut-on rétablir tes autels? Que l'on sépare, que l'on distingue, que l'on conserve, que l'on décore les cadavres: demain on leur parlera; demain on confondra l'intelligence et la matière.

„Le triomphe de l'hypocrisie est à la suite des enterremens, dans l'édifice des mausolées et la dorure des sarcophages. La vraie douleur est muette; les habits de deuil ne font pas le deuil. Oh! qui peut regarder le portrait d'un ami mort?

„L'extravagance humaine s'est manifestée sur la tombe des morts. La fin des espérances humaines et de la vie a été le signal, chez presque tous les peuples, des cérémonies les plus bizarres. On a mis de l'orgueil jusques dans les signes d'affliction et les vêtemens de la douleur.

„La mort n'est pas destruction *)! craignons que de vaines cérémonies nous

---

*) Je n'ai jamais plus éprouvé la puissance de la solitude pour l'adoption des idées religieuses, qu'à la grande *Chartreuse de Grenoble*. On n'est-là, pour ainsi dire, encore dans le monde, que pour y reconnoître le néant de ce monde. A n'entendre rien que le son d'une cloche, ce son semble appeler votre ame, et l'introduire dans l'éternité; à ne voir que des hommes muets et blêmis de pénitence, tout entiers à la prière, on tremble de son innocence même; à ne pouvoir poser son pied que sur le bord d'un abîme ou d'une tombe, on sent les bases chancelantes de la fortune, des plaisirs et de ce qu'on appelle le bonheur. Ces ombres blanches qui se promènent autour de ce lugubre cimetière, développent la grande pensée d'Young: *L'homme plonge dans le tombeau pour se relever immortel*. Oh! c'est-là qu'il faut terminer sa journée, afin d'ap-

redonnent les chimères poétiques, ou des idées superstitieuses plus avilissantes encore.

„Il n'y a point de bizarrerie que l'envie d'idolâtrer les morts, de les offrir en pompe, ne suggérât ou n'inspirât à des esprits orgueilleux, sombres ou fantasques, si la loi qui place convenablement les morts dans leur dernier

---

prendre à terminer le soir qui n'aura plus de lendemain. Tout y laisse l'homme à lui-même; et dégagé d'illusions, il n'en aperçoit que mieux la vérité.

J'ai regret qu'il n'existe plus une de ces maisons silencieuses où l'homme tourmenté ou brûlé de passions terrestres iroit se rafraîchir et se régénérer, en y goûtant ce repos ou plutôt cette joie intime que l'on éprouve sous l'empire de la religion, lorsqu'on s'y soumet sincèrement: et je parle ici de cette religion qui, loin de toute espèce d'idolâtrie, consiste à retrouver Dieu en soi-même, à se confier à lui, à l'adorer, à l'aimer, dans les vives espérances d'un bonheur que lui seul dispense. Ce n'est qu'ainsi du moins que l'homme désabusé doit fuir le monde, et l'innocence s'abriter des méchans.

domicile, n'appartenoit pas exclusivement à la société, et si la saine physique ne l'ordonnoit pas impérativement,
ainsi que la politique. Je ne connois
pas de loi plus désastreuse pour la religion et la morale, que celle qui aban-
donneroit les cadavres aux caprices
changeans des ensevelisseurs, ou aux
manies d'une tendresse plus ou moins
aveugle. Les cendres humaines, à force
d'hommages et de cérémonies, ne seroient
plus sacrées; au moins l'orgueil offen-
seroit bientôt parmi nous *l'égalité*, et
au moment où nous devenons tout à
fait égaux!

„C'est la charité qui a ordonné la
première sépulture; ce seroit la vanité,
la jactance, le *comédisme* du sentiment
qui ordonneroient les dernières.

„Quand l'homme redescend en lui-
même, il y trouve un monde plus étonnant encore que celui qui l'environne.
Qu'est-ce que notre corps?

„La matière transfigurée ne fait que circuler sur la scène, et ses variétés individuelles tournent sans relâche autour du type éternel; mais l'action de produire et de vivifier est d'un ordre trop élevé, pour que la puissance divine daigne nous en instruire. Le principe qui sert à balancer la naissance et la mort, ne se découvrira jamais à l'homme, tant qu'il sera un agent occasionnel qui reçoit la vie sans le sentir, et qui la donne sans le concevoir; mais cette ignorance! c'est la mort qui nous en délivrera, en nous conduisant à la source des idées.

„Dieu est l'auteur immédiat de nos sensations, et nos corps n'existent qu'en idée.

„Toute sensation se passant dans l'ame, et n'ayant que Dieu pour auteur, est donc la seule chose existante en fait de matière.

„La spiritualité de l'ame est non - seulement une vérité, mais encore un sentiment intime et universel de notre origine; puisque les idées sont l'aliment de notre ame, et que nous nous consolons de la mort; la vie présente n'est que le prélude d'une meilleure.

„Il y a un rapport immuable entre l'espérance d'une autre vie et la vertu; et si cette espérance produit quelquefois la moralité, il arrive encore plus souvent que c'est la bonté morale de l'homme qui produit l'espérance.

„Nous avons une connoissance distincte de quelque chose qui n'est pas matériel, et quand nous descendons en nous-mêmes, nous sommes contraints d'avouer que s'il existe quelques vérités fixes, permanentes, c'est celle de l'immortalité de l'ame. On sera toujours obligé de convenir que l'esprit et le corps sont réellement distincts, et qu'on ne peut les confondre sans renverser les notions les plus communes et les plus raisonnables.

„Je ne puis concevoir l'homme sans pensée. Qu'est-ce que l'être? Ce qui a la conscience de soi. La pensée n'est que le développement d'une chose unique, indivisible, indestructible; la matière ne se connoît point; elle n'existe pas.

„Eh! pourquoi un sentiment vif ne seroit-il pas un profond raisonnement? Qui est-ce qui sent en nous la beauté, l'harmonie? On verra qu'il faut que ce soit quelque chose d'immatériel. Je ne puis concevoir l'homme sans pensée. Instinct et raison, marque de deux natures, a dit Pascal.

„L'univers me contient et m'engloutit comme un point, et moi par la pensée j'engloutis l'univers. Quoique ce passage du même penseur offre abus d'expressions, il donne une grande idée de l'homme.

„Platon l'a dit, nous avons un sens intime qui aperçoit l'avenir.

„Voici la mort qui secoue les clefs du tombeau! Quel malheur de ne rien croire au-delà!

„Quel est celui qui ressent avec transport la douce harmonie de la nature? C'est celui qui croit à une autre vie. Mais c'est la corruption des grandes sociétés qui nous déprave l'esprit: un sentiment secret nous rappelle notre céleste origine. Les astres sont des chiffres divins tracés dans les cieux pour nous faire lire au-dessus de nos têtes le livre où l'Eternel a écrit son nom.

„Les passions en imposent; et nous fermons l'oreille à la voix céleste qui nous parle et qui nous console.

„Se sentir lié à l'Être créateur, qu'y a-t-il donc de si triste dans cette relation?

„Le désordre et les calamités du monde moral, quel tableau sans l'immortalité de l'ame!

„Il a fallu que le souffle divin animât nos premières pensées. Il est sûr que nous avons des idées indépendamment des sensations; autrement l'homme ne seroit qu'une montre.

„Comment fait-on de la géométrie à huit ans?

„Pardonnez, législateurs, si j'aime trop à répandre ici mes idées sur le sentiment consolateur de l'immortalité de l'ame; il m'a soutenu dans les jours d'oppression et de tyrannie; il m'a donné le calme et le courage que j'aurois eu peine à trouver ailleurs; il m'eût fait marcher à l'échafaud tranquille et résigné.

„Je reviens aux inhumations privées. citoyens représentans (et je vous prie de l'observer), elles autoriseroient de plein droit les exhumations. Après avoir confié les sépultures aux idées arbitraires des proches, ceux-ci seroient encore maîtres de placer ou de déplacer les morts à volonté. On verroit chaque année de nouvelles scènes d'une folie indécente, ou d'une lacrymanie ridicule. Ce séroient des apprêts domestiques qui, tranchans avec d'autres usages et comme à l'improviste, pourroient effrayer ou affliger les regards d'autrui, et imprimer à des fibres trop sensibles, à celles de l'enfance et de la jeunesse, des sensations douloureuses. Une cérémonie funèbre frapperoit la jeune mariée; des chants lugubres interromproient ceux d'une nôce. Or, la nature n'a imprimé aux cadavres un aspect repoussant, que pour qu'ils fussent cachés soigneusement à tous les regards. Des maniaques pourroient recommencer, à leur gré, le spectacle d'une douleur simulée.

„ La religion avoit mis les morts sous sa sauve - garde sacrée et immuable; que la loi politique l'imite en ce point, qu'elle garde sous son empire les débris de l'humanité, sans en permettre le dispersement, germe de scandale et de folie: et si nous avons des exemples à puiser chez les anciens, que ce ne soient pas leurs mauvais usages, sur-tout lorsqu'ils sont infectés de l'esprit d'idolâtrie. N'est-ce pas cet esprit qui a éteint dans l'homme toutes les idées grandes et élevées, et qui l'a rapetissé sur la terre au niveau des idoles?

„Que d'abus ne résulteroient-ils pas de cette prétendue liberté, qu'à mon très-grand étonnement reclame votre commission spéciale? On joueroit donc avec les morts? ils ne seroient plus sûrs de reposer en paix. Les maniaques, je le redis, sont plus nombreux qu'on ne le pense. La sensiblerie, permettez-moi encore ce terme, est le partage d'une multitude de petits êtres infirmes, fiévreux de sentiment, et qui sont les comédiens éternels de la vraie sensibilité.

„Si les progrès de l'anatomie exigent que quelques cadavres soient portés dans nos amphithéàtres, la prudence et la sagesse veillent à ce que des regards étrangers n'en soient pas journellement épouvantés: mais n'arrive-t-il pas encore, malgré toutes ces précautions, que les yeux sont frappés de scènes effrayantes; et que le peuple reculant d'effroi, a pris l'ouvrage studieux du scalpel, pour le crime horrible d'un assassin?

„Combien il importe de soustraire les cadavres de tout sexe et de tout âge, aux fantaisies de l'orgueil et même aux erreurs du sentiment! Les accorder à celui qui les reclameroit sous prétexte de parenté, de liaison sentimentale, ce seroit ouvrir le champ le plus illimité à des abus peut-être sacriléges; du moins on ne peut calculer les effets d'une permission aussi irréfléchie, puisque cette tolérance, en contrariant d'ailleurs une foule d'idées religieuses, agiroit chaque jour d'une manière si différente sur les idées populaires, déjà si variables, déjà si extraordinaires depuis notre révolution. Les cerveaux ne sont plus les mêmes; ils ont commenté le mot *liberté* de tant de manières, qu'ils ont agi contre la *chose;*

et voilà ce qui fait la profonde douleur du républicain.

„ La commission, pour préparer sans doute les esprits, a demandé *une année* pour l'accomplissement de son projet: il me semble impraticable, et sous tous les rapports, dans un an comme aujourd'hui: et je ne reviens point de ma surprise, que l'on ait profané à ce point les mots *liberté* et *sentiment*.

„ Je demande en mon nom la radiation de l'article V, conçu en ces termes: „ Il est libre à tout individu de faire brû-„ ler ou inhumer, dans tel endroit qu'il „ jugera convenable, le corps de ses pro-„ ches, ou des personnes qui lui seront „ chères, en se conformant aux lois de „ police et de salubrité.“

„ La tête exaltée d'un jeune romancier décorant des tombeaux, et versifiant des épitaphes, n'auroit pas mieux confondu les expressions: *qui lui furent chères;* quelle latitude! elle épouvante ma pen-sée! *dans tel endroit qu'il jugera conve-*

nable; quelle promenade pour les morts! quelle carrière ouverte aux idées bizarres! Et l'on a osé vous proposer cela! Non, je ne veux point de ces bûchers infects; je ne veux point de ces cimetières domestiques, de ces jardins pavés de morts, de ces armoires où l'un me montreroit son ayeul et l'autre son grand oncle : nos cheminées porteroient des embryons en place de magots; l'extravagance humaine enfin s'épuiseroit sur des objets faits pour la renforcer : je ne veux point enfin de ces translations de cadavres; et la physique, et la police, et la salubrité publique, et la morale, s'y opposent également. Les sépultures privées sont un attentat envers le calme et le repos de la société. "

Chapitre CCXXXIII.

Electeur de l'an V.

Ce n'est plus avec des bonnets gras, des pantalons, des chemises sales, des bras retroussés que s'annonce l'exercice de la souveraineté du peuple. Une bonne tenue, de la décence, et même de la dignité, voilà ce qu'on remarque dans les électeurs de Paris. Des cabriolets, des berlines, des phaétons viennent amener et reprendre une partie des membres de l'assemblée. Gare que le luxe et tous les vices qu'il fait naître, ne s'y introduisent!

Chapitre CCXXXIV.

Donneurs de Cor.

Ils étoient dans les cabarets, et se répondoient d'un quartier à l'autre; tous ces sons mariés correspondoient à un centre: on attendoit quelque événement quand ils redoubloient de force: on écoutoit long - tems, on n'y comprenoit rien; mais il y avoit dans tout ce tapage une langue de sédition. Tous ces complots qui se faisoient à haut bruit n'en étoient pas moins ténébreux.

On a remarqué que lors des incendies le signal étoit plus prompt, plus rapide, plus éclatant. Quand l'incendie se manifesta aux Célestins près l'arsenal, la veille, ma tête fut assourdie du bruit des cors. Une autre fois, ce fut par des claquemens de fouets; à certains jours, c'est le bruit des boëtes: on tressaille dans ces vives et journalières alarmes.

Et c'est ainsi que nous vivons depuis huit années: dans les spectacles, les uns entonnent l'hymne des Marseillois, les autres poussent des cris sinistres pour empêcher la continuation du chant, et demandent avec menaces un autre spectacle. Il y a aujourd'hui huit ans que nous sommes en grande révolution; il y a huit ans qu'à pareil jour, la chûte de la Bastille ébranla dans ses fondemens la plus ancienne monarchie de l'Europe. Que d'événemens! quelle histoire! combien nous avons vieilli depuis huit ans! Nous allons célébrer la commémoration du 14 Juillet: nos neveux seront plus disposés encore que nous à fêter l'anniversaire d'une si mémorable époque. Ils en recueilleront les fruits, nous en avons eu la peine. Ils oublieront nos travaux, nos dangers, nos combats; ils nous

feront peut-être des reproches injustes,
c'est qu'il leur sera impossible de se
figurer de quelles tourmentes nous avons
été battus: mais qu'ils honorent, ou
qu'ils n'honorent pas notre mémoire,
il est pour moi un sentiment qui me
console de tout: *j'étois né sujet, je
mourrai républicain.*

Il a fallu pour cela voir les époques
célèbres des 14 Juillet, 4 Août, 5 Octobre, 21 Juin, 10 Août, 31 Mai, 13
Vendémiaire et 18 Fructidor; il a fallu
descendre dans les cachots, il a fallu
être lié à la planche de la Guillotine, et
voir incessamment la mort, soit dans les
fureurs, soit dans les erreurs d'un grand
peuple soulevé. Qu'importe! mes jours
fatigués ont été pleins. J'ai vu ce que
n'ont point vu d'autres hommes. J'ai
assisté à des commotions terribles et dé-
sastreuses, qui agrandissent et fortifient
l'ame, qui la rendent supérieure aux événemens, qui lui font braver le trépas.

Je ne troquerois pas cette existence ora-
geuse, mais instructive, pour une autre
plus calme et plus tranquille. Après
ce que j'ai vu, l'histoire des hommes
est dans ma tête.

J'y ai encore les images et le fra-
cas d'une ville assiégée ; en effet,
presque chaque jour les tambours, le
rappel, la générale, le cri des section-
naires, le bruit des armes, la crainte
des uns, la joie féroce des autres, les
prédictions des plus affreuses catas-
trophes : il faut marcher entre les royalistes et les anarchistes ; et quand ceux-
ci se rallient, se donnent la main, on
n'a plus que le gouvernement pour
arrêter l'effusion du sang.

Eh ! que d'assassinats ! Pâris assas-
sine Lepelletier - St. - Fargeau ; Charlotte
Corday poignarde Marat ; Robespierre,
enviant à Collot - d'Herbois les honneurs
de son assassinat, rêve et publie qu'un
enfant de seize ans a voulu attenter à
ses jours ; Tallien, sentant son pouvoir

Thermidorien s'échapper, se fait manquer d'un coup de pistolet dans la rue de la Perle; le jeune et innocent Féraud est massacré au pied de la tribune par des furies qui se sont perdues dans la foule; Lepelletier est assassiné à Chartres; et enfin Siéyès est assassiné par un prêtre nommé Poule, qui a failli lui donner la mort; et un tribunal le condamne seulement aux fers. Quels jours! s'il y en a eu de semblables dans l'histoire ancienne, je ne me les rappelle pas : et au milieu de tant d'horreurs, des bals, des concerts, des galas, de nouveaux costumes plus brillans les uns que les autres, des dépenses inutiles; et l'on se plaint des voleurs, des boues et des lanternes.

Il y a des jours cependant où Paris est très-calme, où nous n'avons pas plus l'air d'être en guerre qu'en révolution. Les étrangers qui lisent nos journaux, ne nous voyent que couverts de sang, de lambeaux et de toutes les livrées de la misère. Quelle doit être leur surprise, en arrivant à Paris par la route de Chaillot, en traversant cette magnifique allée des Champs-élisées, bordée des deux côtés d'élégans phaëtons, peuplée de femmes charmantes; et poursuivant sa route, attiré par cette perspective magique, ouverte à travers le jardin des Tuileries, en parcourant ce beau jardin plus riche, mieux tenu qu'il ne le fut jamais dans les tems les plus prospères de la monarchie? Que doit-il penser et des Français, et de leurs journaux, et de l'histoire, et de notre misère?

Là les femmes sont très-brillantes, les voitures très-nombreuses, et le Bois de Boulogne très-suivi. On crie cependant toujours misère; c'est que derrière ces riches tapisseries, sont cachés les rentiers, les pensionnaires de l'état, les malheureux froissés par la révolution. Ils crient, ceux-là, et ils ont raison. Un Juvénal feroit aussi retentir l'air de ses cris; mais parviendroit-il à faire entendre sa voix, à faire cesser le hideux contraste de la plus insolente richesse étalée à côté de la plus affreuse misère?

Tel est le résultat, et presque inévitable, d'une immense population. Le mot *égalité* n'en fait point la chose; c'est le fruit du tems et des institutions civiles les plus difficiles à tracer. L'inégalité des fortunes, comment y remédier? comment se fixer dans un juste milieu, tandis qu'il est si naturel aux gouvernés comme aux gouvernans, de se précipiter dans les extrêmes? Si vous avez de l'industrie, vous aurez nécessairement du luxe; si vous avez du luxe, vous aurez des misérables; si vous n'avez point d'industrie vous serez tous égaux en misère. L'égalité démocratique et l'égalité despotique sont situées aux deux points opposés de l'axe politique; elles sont également dangereuses. Où est le secret d'aller long-tems sans donner contre l'un ou l'autre de ces écueils?

Mais j'entends les plaintes d'un honnête père de famille.

Admirez un peu, me dit-il, la belle *égalité* qui règne à Paris entre les citoyens! Après onze heures du soir, tous les piétons qui passent devant les corps-de-garde, sont obligés d'y entrer, pour montrer leur carte de sureté, ou leur passe-port: mais les beaux messieurs en voiture ont seuls le privilége de passer et repasser, sans qu'on leur demande rien. Est-ce donc un brevet de civisme que d'être assez riche pour avoir un carosse, ou même pour louer un fiacre?

On a mis ordre depuis à ces caprices de quelques commandans de poste.

Chapitre CCXXXV.

—

Cartes de Restaurateurs.

Vous les recevez en entrant tout impri-
mées; c'est une feuille in - folio. Tel ac-
coudé sur une table, les médite long-
tems avant de se décider; tel tâte son
gousset pour savoir s'il a vraiment de
quoi dìner, car l'on ne dîne plus à bon
marché. Faites bien votre calcul, si vous
ne voulez pas être pris au dépourvu, et
laisser votre montre ou votre tabatière
au comptoir, en gage d'une moitié de
poularde.

Vous voyez bien les prix, mais vous
ne voyez pas le plat; quand il arrive, ce
qu'il contient pourroit être servi dans

une soucoupe; ou dans une palette à
saignée. On voit au firmament la crois-
sance de la lune, on ne voit chez les
restaurateurs que la décroissance des plats;
et les prix sont fixes et invariables,
comme l'étoile polaire. La viande est
découpée en filigramme, et bientôt le sera
en dentelles. On diroit que les bœufs
sont devenus pas plus gros qu'un dindon;
la demi-once tient lieu d'une demi-livre;
et l'apothicaire ne pèse pas plus scrupu-
leusement ses doses.

Si vous demandez d'un tronçon d'An-
guille à la Tartare, on vous en apporte;
mais ce tronçon n'a que jusqu'à un pouce
et demi de longueur: ayez soin que la
carte dise combien vous en aurez de
pouces, sans quoi votre tronçon ne sera
qu'une roulette. Il en est de même de
tous les autres mets; c'est l'exiguité la
plus délicate: on diroit qu'on vous apporte des échantillons d'un repas futur.
Eh! citoyens restaurateurs, je ne veux
pas me faire faire un habit; je veux dîner.

Il n'y auroit pas assez d'argent en France pour donner une seule fois à dîner à tous les individus de Paris, au prix que coûte un seul repas, non loin du Péron.

Que votre bourse, quand vous entrez chez un restaurateur, soit mieux fournie que la carte, et prenez garde encore de jeûner, tout en payant beaucoup. Rien de plus trompeur que l'aspect des prix, parce que le restaurateur, quoique gros et gras, regarde tous ceux qu'il traite comme de vrais Lilliputiens. Un plaisant disoit: Je ferai mon dîner en cinq actes avec changemens de décorations, mais non dans la même salle.

Il y a des dénominations plaisantes dans ces cartes; on entend un garçon desservant crier à une espèce de maître-d'hôtel, apportez un potage à la ci-devant *reine*, avec deux rognons à la brochette: apportez un potage à la ci-devant Condé avec du civet de lièvre. Là, on mange le potage de ce Condé qui a fui si vîte et si loin ; et son nom, qui résonne le long des tables, ne signifie plus qu'une soupe, dont il ne tâtera plus.

Une solle au gratin, dit une petite voix grêle et féminine : un quart de chapon, dit une autre voix forte et mâle.

Votre potage, vos petits pâtés, vos côtelettes, votre fricandeau, votre pomme, votre biscuit, tout cela est enregistré au moment que vous l'avalez ; et si votre estomac doutoit de ce qu'il a englouti, ou s'il l'avoit oublié, un procès-verbal vous le remet sous les yeux. Car pour le compte, il est fait d'après les règles de Barême : payez ; et, je vous le conseille, allez dîner ailleurs.

On vous offre à ces tables *l'Epître du Cordelier qui s'est fait comédien, adressée à la Carmélite, marchande de modes.* (il n'y a que le titre qui en soit piquant.) Si vous prêtez l'oreille, c'est un mélange bizarre de délire et de raison, de tristesse et de gaîté, de silence et de bruit, d'esprit et d'ignorance, d'esclavage et de liberté; et le discours est un vrai *salmi-gondis*, qui ressemble à ce qui reste de tous les plats.

A la Courtille, à la petite Pologne, à la nouvelle France, les traiteurs sont plus loyaux que les restaurateurs des villes; dans ces guinguettes, vous voyez le plat en même tems que le prix; vous pouvez les comparer, et sur le champ l'enlever cuit ou incuit. Les fripiers vendent leurs marchandises dans l'ombre pour en déguiser les taches; les restaurateurs vendent des plats invisibles, et que les marmitons ne dévoilent que lorsque vous êtes engrené; les restaurateurs méritent donc, ainsi que les fripiers, qu'on les appelle des juifs.

Ils s'enrichissent assez promptement; ce qui le prouve, c'est que l'on voit en gros caractère tel qui s'annonce pour successeur d'un tel. Déjà Léda le dispute au fameux Méot. La goinfrerie est la base fondamentale de la société actuelle: on ne songe sérieusement qu'à manger, qu'à bien dîner; et tous ces miroirs qui décorent ces salles de restaurateurs, réfléchissent l'égoïsme qui seul dévore tout à son aise; et qui, quand il a dîné, n'est touché de l'infortune de personne.

Chapitre CCXXXVI.

Assemblées primaires an V.

C'est sur-tout au moment des assemblées primaires, que les ennemis de la République ont soin de distribuer des rôles à ceux qu'ils croyent les plus propres à les remplir. Ils ont leurs *rodeurs*, leurs *appitoyeurs*, leurs *calomniateurs*, leurs *diviseurs :* ceux-ci sont chargés spécialement de dissoudre l'union qui règne entre les républicains les plus prononcés ; d'allumer les passions personnelles, pour que, négligeant les affaires de la République, et ne s'occupant que de leurs intérêts particuliers, ils tombent dans quelques écarts qui leur attirent un

mandat d'arrêt. Alors ils vous disent:
„ Vous voyez bien que ces incarcérations
„ arbitraires pèsent sur les républicains
„ comme sur les royalistes. On ne s'y
„ reconnoît plus. Tout est brouillé.
„ Ne vaut-il pas mieux sauver vingt cou-
„ pables, que de faire périr un innocent?
„ et, dans l'état des choses, ne seroit-il
„ pas juste autant que politique de leur
„ rendre à tous la liberté? «

Alors arriveroit une amnistie; après
l'amnistie, des complots; après les complots, des trahisons; après les trahisons,
la guerre civile; et voilà l'heureux moment que nos ennemis cherchent à faire
naître, pour détruire le gouvernement
républicain, et faire remonter les *Tarquins*
sur le trône, ou, en partager avec eux
les débris. *Mirabeau* disoit: *Je les connois; chacun d'eux ne veut qu'un lam-
beau du manteau royal.*

Non, elle ne périra point, la République:
elle est immortelle. Les royalistes épouvantés du succès du 18 Fructidor, com-

mencent à le craindre. Ils s'écrient dans leur rage : „O premier Vendémiaire ! „jour abhorré, où le trône fut brisé ! „jour plus horrible encore, 10 Août, où „le trône fut anéanti, et nous avec lui ! „Naguères, courbé à l'aspect des rois et de „la noblesse, le peuple tenoit à honneur „un de nos regards; un mot de notre „bouche faisoit son bonheur, ou le fai- „soit trembler. Alors il ne sentoit pas „sa force: tout a changé: nous eûmes „long-tems de la peine à nous persuader „que la France pouvoit exister sans roi „et sans gentils-hommes : la France „nous l'a appris à nos dépens. O jour „de malédiction, ô premier Vendémiaire! „(*an VI.*) où tous nos projets ont été „renversés!.... L'Europe coalisée, nos „chevaliers de Coblentz, nos héros du „poignard, nos hussards noirs de Ti- „voli et d'Italie, notre maréchal *Pichegru,* „les cloches de *Jesus-Jordan,* même „les homélies de *Laharpe,* tout a échoué „devant des roturiers!... O héros de

„Blankenbourg! ô mon maître! ô mon
„roi! souffrez encore cette année que
„vos sujets rebèles fêtent ce premier
„Vendémiaire; l'année prochaine vous
„fêterez la Saint Louis dans votre pa-
„roisse de Versailles : nous en jurons
„sur la sainte Ampoule et sur nos épées.“

Et nous, nous disons: Salut! ô premier Vendémiaire, jusqu'à la fin des
siècles! tu fus pour la France, ce que
fut Hercule, quand il nétoya les écuries
d'Augias; ce que fut Jupiter, quand il
foudroya les Titans; salut!

Ce qui prouve qu'on avoit projeté
dans la réunion de Clichy, un décret en
faveur des prêtres, moines et moinesses,
c'est la déclaration ingénue d'un Carme
arrêté à Saintes, revêtu de son costume.
La nouvelle s'est répandue en Espagne,
a dit le moine, que le corps législatif de
France alloit remettre les choses *in statu
quo*, relativement aux religieux, et qu'il
alloit nous rendre nos biens et nos cou-
vents. La déclaration de ce Carme

s'accorde parfaitement avec ce qui se passe sous nos yeux. On fait depuis quelque tems, des habits de moines et de religieuses dans tous les coins de Paris. Ce n'est pas tout : il existe dans la maison de ***, rue Honoré, une réunion de moinettes qui paroissent dans la cour et aux croisées, en guimpe et en voile. Dans la même maison est un charmant petit abbé réfractaire, qui, de la fenêtre, fait la conversation avec les béguines, et qui leur dit, à chaque instant, d'un ton mielleux : *Patience, mesdames, patience! le décret va sortir; ma pa-ole d'honneur.*

Chapitre CCXXXVII.

Loi du Divorce.

Elle fut projetée en 1790 dans les cahiers de doléances du duc d'Orléans, de ce prince révolutionnaire à son seul profit, corrompu et guillotiné, qui avoit pour épouse une femme vertueuse. Cette loi fondamentale fut décrétée le 20 Septembre 1792 dans une séance du soir, sans discussion, par assis et levé: elle causa dans toute la France une douleur universelle; elle scandalisa les étrangers qui nous l'ont tant reprochée depuis. Les amis de l'ordre, les gens sensés reconnurent qu'elle ouvroit une large porte à la licence et à la dépravation des mœurs, déjà si générale.

Ce fut bien pis lorsque la Convention décréta les lois additionnelles au divorce, les 8 Nivôse et 4 Floréal an II, qui ont tant favorisé le débordement des passions. Par ces lois, la simple absence de six moix suffit pour le divorce, et l'un des conjoints peut contracter sans délai un nouveau mariage. Aussi n'a-t-on vu divorcer que les femmes des défenseurs de la patrie, et des fonctionnaires publics éloignés de leur domicile pour le service de la République. Les législateurs Oudot et Pons-de-Verdun avoient même annoncé un nouveau projet de décret qui rendroit le divorce encore plus facile; mais on ne tarda pas à réprimer leur amour divorçant. Les hommes de loi, les défenseurs officieux s'emparèrent de ces décrets funestes; et il y eut déchirement dans les liens de la société. Tous les hommes passionnés, débauchés, ambitieux, sans principes, sans moralité, satisfirent leurs goûts désordonnés, leurs ressentimens, leur avarice. L'on peut imaginer tous les abus résultant de ces lois trop grossièrement construites, trop favorables à la démoralisation. On n'eut plus de respect pour les sermens, pour les personnes, pour les propriétés. Que de désordres particuliers ! ils ont corrompu la morale publique : c'est la plaie la plus difficile à guérir.

Cependant les innombrables abus, l'affreux libertinage que le divorce paroît avoir entraînés dans nos mœurs, sont moins l'effet de l'institution en elle-même que celui de la mauvaise loi qui l'avoit d'abord consacré. Refaites cette loi et les suivantes ; mettez au divorce des conditions telles qu'il soit très-difficile à obtenir, vous aurez rempli votre devoir, et concilié les intérêts de la morale avec ceux de la politique.

Chapitre CCXXXVIII.

Figures du portail Notre - Dame.

Vous rappelez-vous, lecteurs, ces rois du portail Notre-Dame, ces masses informes, aussi épaisses que des éléphans, qui formoient un long cordon dans les niches du frontispice de la première église de Paris? Toute la première race étoit-là, bien noircie par le tems; mais enfin on distinguoit les monarques de pierres contemporaines des siècles, et qui dans un jour ont été renversés par terre.

Savez-vous ce qu'ils sont devenus? L'un sur l'autre entassés derrière l'église, ils restent enterrés sous les plus sales immondices. Leurs formes monstrueuses attirent les regards ; et lorsqu'on les voit encore, leurs gros sceptres à la main, leurs différentes et plaisantes mutilations font sourire de pitié ; mais bientôt on réfléchit sur les singuliers arrêts du tems, et les coups bizarres du sort.

Le hazard sans doute, plus que l'intention maligne, a présidé à leur grotesque et humiliante dégradation. Mais il est inutile que la vue et l'odorat soient également offensés à leur aspect ; leur histoire déjà ne sent pas bon.

Un grénadier, la pipe à la bouche, escalade le ventre rebondi de Charlemagne, et choque, sans peur comme sans reproche, son grand nez d'empereur ; tranquille, il promène sa vue sur les autres colosses ayant encore leur couronne en tête. Son camarade en fait autant et dédaigne de savoir le nom du visage qu'il foule et qu'il souille. Le roi Pépin est-là, l'épée à la main, un lion sous les pieds, en mémoire de celui qu'il tua dans un combat donné dans la cour de l'abbaye de *Ferrières*: son lion et son épée sont immobiles en présence de tant d'injures.

Tel est aujourd'hui dans Paris le nouveau St.-Denis, ou plutôt le muséum de ces antiques et royales statues. Le curieux le traversant, se pince les narines, et craint que ces effigies, plus puantes que des cadavres, n'engendrent la peste.

————

Chapitre CCXXXIX.

Jacob Dupont.

Il y avoit à la Convention un Jacob Dupont qui se vanta publiquement à la tribune d'être un athée. Cette fanfaronnade, qui fut appréciée sur le lieu même ce qu'elle valoit, fut ramassée avec affectation par tous les écrivains étrangers contraires à la révolution. Ils calomnièrent toute la Convention, et firent de nous ce que les durs Jansénistes, dans leurs rixes théologiques, faisoient des Molinistes. Depuis ce tems les députés ont été regardés chez certains hommes foibles d'esprit, comme des hommes capables de tous les crimes.

Jacob Dupont a donc fait le plus grand tort à une assemblée qui (je l'atteste!) ne renferme point d'athées prononcés, ce qu'on a vu dans quelques sociétés littéraires, moins faites pour en recéler.

C'est un esprit démanché, que Jacob Dupont: il placarde sur les murs un cours d'instruction publique; tantôt il veut établir sa chaire sur la place de la révolution, tantôt dans l'église Notre-Dame. Il enseigne tout, il est versé dans toutes les sciences; il écrit aux deux conseils, il veut être professeur public et universel.

Dans un autre tems un tel fou auroit fait sourire; mais il y a tant de jongleurs sur différens tréteaux, que celui-ci n'a pu encore obtenir la célébrité du ridicule.

Chapitre CCXL.

Le financier moraliste.

Honneur à notre siècle qui, après les Jansénistes, les Économistes, les Maratistes, vient d'enfanter les *Moralistes!* Le financier (ou du moins celui qu'on est convenu d'appeler de ce nom) parle lui-même morale: car il n'y a que les banquiers qui tourmentent l'argent; un financier a de la pudeur, il ne l'oseroit pas, sur-tout lorsqu'il siége au corps législatif.

Nous nous permettrons de répéter ici au financier l'argument sur lequel il fait la sourde oreille; c'est que depuis trois ans, et plus, malgré que le tirage

de la loterie n'ait plus lieu en France,
il n'a pas laissé que d'y exister des
pontes qui ont joué sur la chance du
tirage des loteries étrangères; et même
dans ce moment, la loterie de Cologne,
qui se tire toutes les Décades, au profit des émigrés, est extrêmement suivie.
Or, les pontes vont porter leurs mises
chez des receveurs particuliers, ou chez
des banquiers, qui tous étant en fraude
contre la loi, trompent doublement
l'actionnaire, ou en ne le payant pas
lorsqu'il y a des lots considérables, ou
en substituant de faux billets à la place
de ceux qui sont réellement sortis. La
vraie moralité des *vénérables* *), dans
ce cas, doit être, ou je me trompe
fort, de sauver les gouvernés de cette
foule de fripons dont ils sont conti-
nuellement les dupes.

---

*) Allusion au conseil des anciens qui avoit d'a-
bord rejeté tout plan de loterie.

Si donc aucune loi, si aucune pro- hibition n'a pu arrêter cette fureur de courir la chance des loteries, pour- quoi le gouvernement ne feroit-il pas tourner une passion universelle à son profit; sur-tout, s'il vouloit en appli- quer le bénéfice à des moyens qui con- courussent au bien public? Voilà le vrai point de vue sous lequel il faut envisager la question: le reste est dé- clamation, impéritie ou intention per- verse.

C'est le comble de la mauvaise foi que de m'avoir représenté comme le champion du loto. Je l'ai dit et re- dit: c'est aux mathématiciens à nous donner le mode de l'établissement d'une loterie fondée sur des calculs nou- veaux, ingénieux, et vraiment philan- thropiques; et puisqu'on parle d'immo- ralité, elle pourroit avoir lieu, si d'un côté le gouvernement s'exposoit à perdre, ou de l'autre s'il gagnoit au- delà de ce que comporte un jeu public accordé à l'espérance qui meut tous les hommes. Fermer la porte à la friponnerie ambulatoire, qui parcourt les places publiques avec une audace que rien ne réprime ; innocenter les chances, les rendre plus favorables aux pontes ; empêcher les joueurs de chercher des bureaux étrangers pour recevoir leurs mises ; tuer la cupidité du receveur particulier et du *financier moraliste* qui fait travailler ses fonds ; accélérer les tirages, pour donner à l'espérance, consolatrice de tous les instans, la plus prompte décision ; recevoir des mises depuis le plus bas prix jusqu'au plus haut ; imprimer une grande circulation d'espèces, ce qui fait richesse : voilà ce que doit se proposer le législateur. Il ne fera ni le Sorboniste ni le théologien, mais il conciliera l'intérêt du gouvernement et des joueurs, puisqu'il n'est pas en son pouvoir d'anéantir une passion inhérente à l'homme.

Chapitre CCXLI.

Richesses nationales.

Voici Paris orné des plus glorieuses dépouilles de la Grèce et de l'Italie; voilà les prodiges des arts entassés sur le même point: il est devenu le dépôt de ce que la terre contient de curieux. Imaginez tout ce que les productions de la nature ont de plus rare; vous l'y trouverez: voulez-vous admirer celles du goût, de la science, de la littérature? tous ces miracles sont sous vos yeux; vous êtes invité à jouir chaque jour de ces merveilles. On ne voit que de vastes dépôts de livres, de monumens de toute espèce; on ne parle que de jeter encore de nouveaux fondemens pour y accumuler de nouveaux trésors scientifiques; et cependant on dit, on répète par-tout qu'il n'y a point d'instruction publique : je crois qu'on veut dire en d'autres termes qu'il n'y a point d'enseignement public, ou qu'il est mauvais, ce qui revient au même.

L'instruction publique est par-tout, puisque à chaque pas on trouve bibliothèques, professeurs, cours publics. Il ne faut que des yeux pour étudier l'histoire naturelle, la botanique, à l'aide des plus beaux échantillons des productions des trois règnes; il ne faut que des oreilles pour apprendre la chymie; il ne faut encore que des yeux pour se perfectionner dans le goût de la peinture.

Cette vaste galerie appelée le Muséum central des arts, c'est une ville de tableaux; mais il y en a tant que l'œil se fatigue, l'attention se lasse; on ne voit rien, parce que l'on voit trop.

Je ne sais si tous ces tableaux rassemblés à grands frais ne se nuisent pas mutuellement, si la distraction ne s'empare point de l'ame au milieu de la confusion de tant d'objets. Les Raphaël, les Michel - Ange, les Carrache, les Tilien, les Lecorrege, les Guide, les Rubens sont venus vous trouver, vous assaillir, mendier votre suffrage, pour ainsi dire; et c'étoit peut-être à vous qu'il appartenoit de faire les premiers pas pour aller les trouver dans leurs sanctuaires. Toutes ces créations, pour le dédaigneux Parisien semblent une dette que l'on lui paye et qu'on devoit lui payer.

Chapitre CCXLII.

Dupin.

On ne se rappelle plus le nom de Mesmer et son baquet magnétique, que pour rire de la crédulité publique, et des piéges où elle tombe quand le charlatan est un peu adroit. Si l'on retraçoit toutes les scènes extravagantes qui eurent lieu pendant les expériences du docteur allemand, on regarderoit ce tableau comme de fantaisie, vu l'assemblage de tous les individus qui coopéroient par les contorsions les plus bizarres et les grimaces les plus ridicules aux mêmes folies. On sait qu'il falloit payer cent louis avant que d'être admis

VI.   G

à l'influence de la doctrine du magnétisme animal. Quelques Fermiers-généraux se rangèrent parmi les adeptes. Ce qui prouve que les Montagnards n'avoient appétit du sang que pour confisquer les biens, c'est qu'on ne tarda point à travailler à la mort et à la dépouille des Fermiers - généraux. C'est ici que le comité de sureté générale, quoiqu'il fût alors immoral et tyrannique, surpassa tout ce qu'on pouvoit attendre des brigands les plus audacieux et les plus vils. Il chargea un nommé Dupin, le même qui les avoit dénoncés à la tribune, il chargea ce Montagnard de l'inventaire et du procès-verbal qui regardoient le département de Paris. Accusé de spoliation, d'avoir employé de faux cachets, d'avoir apposé de faux scellés, les mains pleines des différens bijoux appartenant aux ci-devant Fermiers-généraux, les plaintes et les gémissemens de leurs veuves et de leurs enfans se sont perdus dans les airs :

le bourreau spoliateur a gardé les dépouilles avec le même front que Ser-
gent, de Paris, portoit au doigt l'a-
gâthe enlevée de la main d'un massacré; et ces deux massacreurs, abusant
du caractère de représentant du peuple,
se réfugioient sur la Montagne comme
dans un fort inaccessible aux récla-
mations.

Qu'est-il devenu, ce monstre de bas-
sesses qui sonna le tocsin de la mort,
et d'une mort injuste sur soixante citoyens, parmi lesquels on compte Lavoisier? Exhalant autour de lui l'odeur
du crime, il est venu aux Fermes, dans
la même prison, vide des Fermiers-
généraux immolés, insulter aux soixante-
treize, et je ne pus que lui adresser
ces mots: J'ai la consolation de n'être
plus assis à côté de toi.

Que de crimes impunis! Mais Dupin,
ainsi que d'autres, s'ils ont échappé
à la vengeance des lois, se sont livrés
eux-mêmes à l'exécration des hommes.

Ces Fermiers-généraux ont été condamnés pour avoir mis de l'eau dans le tabac. J'ai vu dans ma prison un malheureux vieillard qui portoit mon nom; il étoit fils de la nourrice de Louis XV; il n'avoit jamais su faire une addition; un autre exérçoit pour lui. Il avoit donné cent mille écus qu'on avoit exigés de lui: il ne m'avoit jamais vu, avant ce fatal rapprochement; il gémissoit sur ma destinée, et j'ai pleuré sur la sienne; car l'innocence étoit empreinte sur son front comme dans sa vie passée et dans son cœur. Oh! qui m'ôtera la mémoire de ces jours sanglans! mais non, je veux la conserver pour en flétrir et en punir les auteurs.

Chapitre CCXLIII.

Supplice de Robespierre.

Où prendrai - je des couleurs pour peindre le cri général de l'allégresse publique au milieu du spectacle le plus épouvantable, l'explosion de la joie bruyante qui se propage et qui retentit jusqu'au pied d'un échafaud? Son nom chargé d'imprécations est dans toutes les bouches; ce n'est plus l'*incorruptible,* le *vertueux* Robespierre; le masque est tombé; on l'exècre; on le rend responsable de tous les crimes des deux comités. On se presse sur les échoppes, dans les boutiques, aux fenêtres; les toits sont couverts de peuple et chargés d'une foule variée de spectateurs de toutes classes qui n'ont qu'un objet, *voir Robespierre conduit à la mort.*

Au lieu d'un trône de dictateur, il est à demi couché sur une charrette qui porte ses complices Couthon et Henriot. C'est un bruit, un tumulte autour de lui, qui n'est formé que de mille cris de joie confus et de félicitations mutuelles. Sa tête est enveloppée d'un linge sale et sanglant; on ne voit qu'à demi son visage pâle et féroce. Ses compagnons mutilés, défigurés, ressembloient moins à des criminels qu'à des bêtes féroces surprises dans un *traquenard*, et dont on n'a pu se saisir qu'en écrasant une partie des membres. Un soleil brûlant n'empêche point les femmes d'exposer les lys et les roses de leurs joues délicates à ses rayons; elles veulent voir le *bourreau de ses concitoyens.* Les cavaliers qui escortent la charrette brandissent leurs sabres, et le montrent de la pointe nue. Ce pontife-roi ne traîne plus la Convention à dix pas de distance de sa personne; il ne semble conserver la vie que pour attester la justice divine, et ses terribles vengeances sur les hommes hypocrites et sanguinaires.

Arrivé près du lieu du supplice, devant la maison où il logeoit, le peuple fit arrêter; et un groupe de femmes exécuta alors une danse aux battemens de mains de la multitude. Une d'elles saisit ce moment pour l'apostropher du geste et de la voix, en lui criant: „Ton supplice m'enivre de joie, descends aux enfers avec les malédictions de toutes les épouses, de toutes les mères de familles.“ Il resta muet.

Monté sur l'échafaud, le bourreau, comme animé de la haîne publique, lui arracha brusquement l'appareil mis sur ses blessures; il jeta le cri d'un tigre: la mâchoire inférieure se détacha alors de la supérieure, et laissant jaillir des flots de sang, fit de cette tête humaine, une tête monstrueuse, et la plus horrible que l'on puisse se peindre. Ses deux compagnons, non moins hideux dans leurs vêtemens déchirés et sanglans, étoient les accolites de ce grand criminel dont les souffrances n'inspirèrent à personne la plus légère pitié. Blessé à mort, la vindicte publique appeloit encore pour lui un second trépas; et l'on couroit en foule pour ne pas perdre l'instant où cette tête alloit s'incliner sous la hache où il en avoit précipité tant d'autres: on applaudit pendant plus de quinze minutes.

Vingt-deux têtes tombèrent avec la sienne. Le lendemain soixante-dix membres de la commune allèrent rejoindre le chef qu'ils s'étoient donné; c'étoient ceux-là même qui étoient venus dans nos cachots, nous enlever nos alimens, et nous abreuver d'humiliations. Le jour suivant, douze autres membres de la Commune payèrent de leurs têtes leur complicité avec le chef des conjurés; mais ces têtes ignobles et vulgaires de plats satellites, n'avoient point de nom; on ne compta que celle de Robespierre.

S'il fut arrêté, c'est faute de courage; il n'avoit qu'à monter à cheval, il eût entraîné peut-être cette multitude qui le couvrit de malédictions. Robespierre se reposoit sur Henriot, et sur ses Jacobins; mais ceux-ci n'avoient ni fermeté ni audace lorsqu'ils n'étoient ni bourreaux ni assassins. Tous ces conspirateurs pâlirent quand ils se virent frappés du décret qui les mettoit *hors la loi*.

Mais ce qui épouvante la pensée, c'est que Robespierre ne tomba que parce que le comité de salut public s'étoit divisé; si l'accord y eût règné, l'oppression sanglante dureroit encore : deux triumvirats étoient tout prêts pour continuer le cours de cette incroyable tyrannie; et je n'exagère point en soutenant que les membres restans se flattoient encore de la durée du chaos d'où ils insultoient à la liberté publique. Ils devoient tout rejeter sur Robespierre, et se déclarer ses ennemis après l'avoir égalé et quelquefois surpassé en insolence et en férocité. Oui, la soif de dominer et l'espoir de maîtriser la Convention, et par ce moyen le reste de la France, ne sortirent point de leurs cœurs. Ils osèrent accuser celui dont ils furent long-tems les valets et qu'ils ne combattirent que parce qu'ils étoient proscrits eux-mêmes. Sans cette liste de proscription où ils avoient vu leurs noms, ils proscri-roient encore avec et au nom de Robes-pierre. Les lâches! ils sont bien au-dessous de celui qu'ils ont abattu, mais par le seul effet de la peur.

De vrais républicains, au nombre des-quels j'étois, restèrent encore dans les cachots par l'audace inconcevable des Décemvirs et par l'inexplicable lâcheté de la Convention nationale, qui n'étoit plus sur le siége où elle rampoit, mais dans les honorables prisons où nous étions renfermés: nous seuls devions la ressusciter et la restaurer, lui rendre la majesté et l'énergie qu'elle avoit perdues.

Certes nous étions justifiés par tous les forfaits des complices de Robespierre : et qui, après ces jours de victoire, de justice et de lumière, osa demander qu'un représentant du peuple, irréprochable sous tous les rapports, reparût à son poste ? Il fallut que les bourreaux se divisassent encore de nouveau, et que, frappés l'un par l'autre, ils fussent affoiblis au point de ne pouvoir plus éloigner notre rentrée triomphante. Ils vouloient tuer pour régner, mais non établir la République. La suite a prouvé que cette tourbe de scélérats ne pouvoit souffrir ni les gens de bien, ni la liberté dont ceux-ci ont été les plus fermes protecteurs. Notre regard, notre nom les transperçoient de la douleur du reproche le plus mérité : et que de maux n'ont-ils pas fait à la patrie ! autant que nous voulions, nous, lui apporter de bonheur ! Peu d'entre eux ont échappé au sort qui les attend tous.

Ils auront beau vouloir lier leur cause à celle de la révolution, ils n'y parviendront pas: eux seuls lui ont imprimé un aspect dégoûtant; et le tems qui met tout à sa place, a déjà marqué leurs noms, et les environne, eux, du mépris et de l'horreur publique, tandis que leurs mains sont sanglantes; ils sont comme la femme de Macbeth, ils ne peuvent faire disparoître ni détourner la vue de ces taches ineffaçables.

Ce qui a rendu le système de Robespierre épouvantable, ce n'est pas tant sa démence et son atrocité que sa durée. La tyrannie décemvirale qui nous couvre tous aujourd'hui de confusion, n'eût pas existé, s'il y avoit eu une dictature de trente-six heures : elle eût écrasé les successeurs de Robespierre. Mais les hommes se cachoient les uns derrière les autres pour être encore plus atroces et plus méchans que ceux qui étoient en évidence.

Barrère, Collot, Billaud, ces monstres que l'humanité désavoue, ils ont reparu après la mort de Robespierre, ils ont siégé à la Convention ; cinquante mille citoyens qu'ils ont fait égorger, n'ont obtenu pour vengeance que l'exil de leurs bourreaux : c'est ainsi que le gouvernement a passé rapidement de la plus odieuse tyrannie à l'indulgence la plus funeste. Après le 9 Thermidor, il a transigé avec les assassins : les conjurations, depuis le 9 Thermidor, ont été le fruit de je ne sais quelle crainte, ou plutôt, de je ne sais quel délire qui s'étoit emparé de toutes les têtes. La réaction royale vint parce qu'on avoit proposé de porter une loi qui abolissoit la peine de mort, loi qui supposoit déjà une constitution éprouvée, un gouvernement assis sur des bases solides, un caractère national prononcé ; et nous n'avions pas même les élémens de tout cela.

Robespierre et sa faction avoient fait un pacte avec Philippe d'Orléans; ils lui avoient dit: Tu nous donneras ton or, en échange de nos forfaits. Louvet, le courageux Louvet avoit dénoncé cette faction infernale. L'artificieux Barrère détourna le coup qu'alloit porter la Convention. Que d'attentats on eût prévenus par cet acte de justice!

Opposez au supplice de Robespierre celui de la comtesse Dubarry. A quoi servoit l'égorgement de cette femme punie par des vaudevilles, et tombée dans le mépris. Si on l'avoit vue sortant nue de son lit, du lit de son royal amant, se faisant donner une de ses pantoufles par le nonce du pape, et l'autre par le grand aumônier de France, étoit-ce un motif pour l'envoyer à l'échafaud? ou plutôt, avoit-on envie de sa belle maison de Lucienne? Les brigands n'eurent souvent d'autre politique que la soif de l'or; et quand

Robespierre fut un monstre sanguinaire, il faut ajouter qu'il fut un être cupide, qu'il se vendit à d'Orléans, et par suite à l'Angleterre.

Chapitre CCXLIV.

Point de vue historique.

La France entière aura constamment à reprocher à Paris, la victoire de Paris seul sur la France, lorsque trente mille hommes armés enveloppèrent la Convention, déclarèrent traîtres à la patrie les défenseurs de l'ordre et des propriétés, et demandèrent leurs têtes. Le rapporteur de la commission des douze alloit nommer les véritables complices de Dumouriez ; les assassins, les brigands, les fauteurs de l'anarchie alloient être connus ; le triumvirat de Danton, de Marat et de Robespierre, n'auroit pas eu lieu ; les Décemvirs nés à la suite du triumvirat n'auroient pas épouvanté la nation et l'histoire de leurs audacieux forfaits. Dangereux exemple d'une minorité qui a sous sa main, dans un petit espace, ses protecteurs et ses appuis, toujours plus forte qu'une majorité dont les soutiens sont dispersés et comme perdus sur un vaste territoire tel que la France.

Les vrais républicains sont terrassés; la nation se détache d'eux, et les laisse marcher à l'échafaud, ou périr dans les prisons. Et quel étoit le langage de la Plaine? celui que tient aujourd'hui le gouvernement, assis sur les bases de la victoire, de la sagesse, de la modération. „Il est tems de construire après avoir „tant démoli. La violence, qui nous a „sauvés de l'oppression, nous y ramè- „nera, si nous en continuons l'usage. „Nous pensons qu'une république ne „peut être fondée que sur la sagesse „et la modération: que pour vaincre „les préjugés et la superstition, il faut „éclairer, et non exterminer: qu'un

VI.   H

,,peuple magnanime connoît sa force et
,,n'en abuse pas; et qu'il doit dédaigner,
,,sous l'empire des lois, d'obtenir de la
,,rapine ce qu'il peut mériter par ses
,,vertus.

,,Nous croyons qu'on peut être ré-
,,publicain, sans être énergumène;
,,philosophe, sans professer le brigan-
,,dage; patriote, sans être un cannibale;
,,et remplir ses devoirs comme législa-
,,teur, sans devenir bourreau. Nous
,,avons, il est vrai, voulu soustraire le
,,roi à l'échafaud: nous avons craint de
,,soulever l'Europe, de prolonger la
,,guerre; cru plus utile de le garder
,,comme un otage; voulu nous servir
,,de sa vie pour maîtriser la paix, en
,,hâter le retour; et cherché à épargner
,,le sang, à conduire la France à un
,,état heureux, en abrégeant le plus pos-
,,sible, le cours de ses calamités. Nous
,,n'avons pas d'ailleurs donné assez d'im-
,,portance à un roi pour croire que sa
,,mort fût un pas de géant vers la félicité

„ publique, comme cherchent à le per-
„ suader nos féroces rivaux; ni pensé,
„ comme eux, que faire tomber sous la
„ hache une tête de prince, fût le coup
„ de maître de la philosophie."

La grande louve, la Jacobinière, eut
donc son infernal repaire à Paris; on la
mettoit en mouvement à l'aide des sociétés populaires; et après que ses aboie-
mens avoient jeté au loin la terreur, on
faisoit adopter les décrets les plus mons-
trueux dans le sein et dans le choc des
émeutes. Par - tout ailleurs la Convention nationale, forte par elle - même,
n'eût pas succombé, et avec elle, la nation
entière. Dès qu'on eut trouvé l'art de
commander à la minute une insurrection
parisienne, il n'y eut plus de liberté pour
nous; et la tyrannie décemvirale fit as-
sassiner en grande pompe, et décima, à
volonté, les législateurs et les particuliers.

Chapitre CCXLV.

Résistance.

Une résistance déplacée, hautaine, ar-
rogante, une résistance trop opiniâtre
au premier pas de la révolution française,
lui a fait faire plusieurs grandes enjam-
bées : grand merci, messieurs les aristocrates !

Il ne reste rien du gouvernement
que la révolution a détruit ; mais le char
de la révolution n'a fait tant de maux
que parce qu'on s'est précipité au-devant des coursiers et jusques sous les
roues. En rétrogradant, il a été encore
plus terrible qu'en avançant. Tel un
cocher qui avoit passé sur la jambe

d'un malheureux, lorsqu'on lui crioit de tous côtés, arrête, arrête, recula et repassa sur son corps.

Ce char a dû parcourir tel espace parce qu'il a été lancé de telle hauteur. Les coursiers écumans et les roues enflammées ne demandent plus qu'à reposer.

Un gouvernement tout à la fois neuf et nouveau a manifesté sa forme, sa puissance et sa vie: on ne sauroit nier la création de ce corps politique; il est jeune, et n'en est pas moins robuste; il est vivant, et il doit avoir l'assentiment de tout être sensé: l'intérêt de tous est qu'il soit; car la meilleure forme de gouvernement est celle qui naît de la perfection même de l'esprit d'une nation toute entière; et comme il n'est pas présumable qu'elle se livre à des souvenirs non moins impuissans que misérablement superstitieux, il en résulte qu'elle se trouve naturellement assujettie aux lois du gouvernement qui vient de naître, et qui est ancien par cela même qu'il vit et qu'il marche. C'est par l'action, et non par la durée qu'il faut le considérer.

Si le despotisme revenoit en France, il seroit le plus terrible de tous, parce que les pouvoirs intermédiaires gênoient, fatiguoient ou pressoient tour à tour le peuple et le monarque: étant détruits, le despote n'ayant plus ni clergé, ni noblesse, ni parlement à combattre ou à concilier, la verge arbitraire frapperoit le peuple dans toute sa longueur, et il n'auroit ni organe pour se plaindre, ni moyen pour se défendre: ce seroit un combat à mort long et perpétuel.

Ainsi, il y a plusieurs degrés de servitude, et celle-ci offriroit un abîme plus profond que le despotisme même. Le malheur a nécessité chez les Danois le plus lâche abandon: la haine pour les nobles a dicté cette honteuse concession où l'on a pactisé avec un roi.

L'on détourneroit la vue avec horreur du plus servile troupeau de l'espèce humaine dégradée, s'il étoit possible que nous imitassions les Danois.

———

Chapitre CCXLVI.

Frimaire an VI.

On a observé, il y a déjà long-tems, que dans les révolutions, l'habitude des dangers, le sacrifice des affections privées, et le sentiment des maux publics font que les hommes jouent avec la vie, et s'embarrassent peu de la mort: mais c'est avec douleur qu'on a vu des assassins arriver sur l'échafaud d'un air délibéré: ils étoient quatre, et ils affectèrent une brutale insensibilité. L'un d'eux s'écrie en mourant: *Je meurs en bon voleur!* l'autre, regardant ses camarades déjà gissant dans le fatal panier, dit gaîment au bourreau: *Arrangez-les*

*donc mieux, il n'y aura pas de place
pour moi......* place pour lui!

On a guillotiné ces jours derniers deux
jeunes filles convaincues d'assassinats,
elles sont allées à l'échafaud, comme à un
festin, en répétant quelques couplets de
chansons grivoises. Ces deux jeunes
filles, qui, par leur sexe, leur figure et
leur âge, auroient pu exciter un mouvement de pitié irréfléchi, n'ont inspiré
qu'un sentiment d'horreur. Le peuple a
battu des mains quand leurs têtes sont
tombées. Charlotte Corday marcha au
supplice avec un visage serein, mais
elle ne chanta point.

On ne peut attribuer cette impéni-
tence finale qu'au malheureux triomphe
d'une doctrine qui nous réduit tous à
l'automatisme animal; et comme l'irre-
ligion a démoralisé le peuple, il est de
la sagesse des législateurs, pénétrés de
l'importance et de la dignité de leurs

fonctions, de redonner cours aux idées religieuses: car sans doute il y a un remède à cette dégradation de l'espèce humaine, qui, n'attachant plus de prix à l'existence, regardée dans tous les tems et par tous les animaux comme le plus grand bienfait de la nature, doit, par suite de cette insensibilité, mépriser, oublier, fouler aux pieds les vertus, les talens, et généralement tout ce qui la rendoit aimable et ajoutoit à son charme.

Les chauffeurs ont déjà épouvanté les tribunaux de leurs cruautés. On vient d'arrêter des assassins d'un nouveau genre. Ils avoient dressé des chiens à étrangler un homme au coin d'un bois; ils venoient ensuite, et le dépouilloient froidement. Ils disent aujourdhui: Ce n'est pas nous qui avons mis cet homme à mort.

Tout nécessite dans la refonte du code criminel, des mesures plus ré-

pressives, plus fermes, plus vigou-
reuses; car la perversité humaine, en se-
couant le frein religieux, s'est montrée
sous un jour plus terrible et plus ef-
frayant.

Chapitre CCXLVII.

Panthéonisé.

Être porté au Panthéon après sa mort. Panthéoniser un scélérat. Même après le 9 Thermidor, Marat a été panthéonisé, puis dépanthéonisé. Mirabeau, accusé par *l'armoire de fer* de s'être vendu à la cour, fut dépanthéonisé. Le corps de Pelletier-St.-Fargeau, qui reposoit-là, fut rendu à son frère.

On croit que ce sont les royalistes qui ont demandé que Montesquieu fût panthéonisé. Voltaire sera-t-il un jour dépanthéonisé? Les écrits de Voltaire et les maximes républicaines, comment cela pourra-t-il s'accorder?

Dès qu'il s'agit de canonisation, l'on voit apparoître l'avocat du diable.

Chenier, grand amateur de processions et de cérémonies, voulut faire entrer un jour Descartes au Panthéon; je m'y opposai; Pascal auroit été de mon avis. Voici mon discours:

« C. R. Il y a près de cent cinquante années que René Descartes reçut à Paris, dans une église, les honneurs d'un service funèbre, où assistèrent en députation le *Parlement*, la *Sorbonne*, le *recteur* de l'Université, les *quatre Facultés*, et tous les théologiens, légistes, ergoteurs et mauvais physiciens de ce tems-là. Vint ensuite un rhéteur, qui enfla sa voix, et qui fit son éloge pour un prix académique: enfin il eut une statue en marbre, de la façon de la cour, sous le règne du dernier tyran.

Je crois que tous ces honneurs suffisent à la mémoire de Descartes, et que son ombre en a dû être pleinement satisfaite. Je l'avoue, j'ai fait aussi dans ma jeunesse un *éloge de Descartes* *) : mais j'étois alors la dupe des noms

---

*) Il fut imprimé en 1765. Le ton de l'*école* étoit alors un grand tapage de mots. Le stile de Thomas, le grand pugillateur en ce genre, étoit presque toujours enflé et tendu. Fréron disoit plaisamment de lui: *Je m'amuse à donner des coups d'épingle dans ses vessies.* Quand le tems de rire un peu sera venu, je publierai peut-être l'histoire *académico-littéraire* de ces années-là. On y verra le despotisme du *grand seigneur* Voltaire, et celui de ses *visirs* et *pachas;* on sera sur-tout étonné d'avoir vu passer près de deux cents hommes de lettres travaillant tous pour *la gloire immortelle*, et qui n'ont déjà presque plus de nom.

Ce *bureau d'esprit* qu'on appeloit *Académie française*, a beaucoup nui aux talens originaux: mais il menoit à la fortune les abbés qui consentoient à philosophailler. Il falloit, sous peine d'être étouffé en naissant, prendre *le pli académique.* Le souple *Maury* le prit parfaitement, et rioit de mon insouplesse. *Maury* m'a dit, il y a 28 ans: Je m'accrocherai aux académiciens, qui me couronneront et qui me feront par suite prêcher un carême à Versailles. J'entrerai à l'Académie; de cette affaire j'y obtiendrai une abbaye: alors nous travaillerons dans le clergé; je prônés dans les académies, et je ne savois pas encore que les plus grands charlatans de ce monde ont été quelquefois les hommes les plus célèbres.

En écartant ce déréglement d'éloquence, si familier aux panégyristes, les préjugés orgueilleux des nations, et jusqu'à

---

veux avoir 60 mille livres de rentes; et puis mon *petit cheval* me mènera à Rome. Il m'a dit vingt fois qu'il seroit un jour cardinal: mais il tenoit très-fort pour réussir à son prix d'Académie. Comme toutes les grandes *tragédies* sont suivies d'une *farce*, je m'attends à voir *Maury* pape. O Rabelais!

Maury s'étoit escrimé aussi à *faire des éloges*; et si je ne me trompe, il avoit entrepris celui de *Descartes*. Ce que je puis affirmer, c'est que nous fîmes imprimer, en concurrence, un beau discours académique sur les *malheurs de la guerre*; les académiciens n'y allant jamais, il n'eut pour cette fois ni le prix ni *l'accessit*

On n'a jamais cité à l'Académie française qu'un seul vers de ma façon, et qui fit *schisme* encore. Le voici:

Le coeur qui n'aima point fut le premier
athée.

leur rivalité politique, qui n'a que trop d'influence sur la philosophie, qu'il me soit permis de retracer l'histoire du mal qu'a fait Descartes à sa propre nation, dont il a retardé visiblement les progrès par la longue tyrannie de ses erreurs : il est le père de la plus impertinente doctrine qui ait régné en France. C'est le cartésianisme qui tua la physique expérimentale, et qui fit des pédans d'école au lieu de naturalistes observateurs.

La nature est un livre immense à dévorer, a dit Bacon ; mais il faut commencer par *l'abécédaire*. Descartes fut un de ces mortels présomptueux qui veulent deviner la nature, au lieu de l'étudier avec une attention respectueuse. Il fut un de ces téméraires qui parlent, et qui affirment leurs systêmes du monde, comme s'ils avoient assisté à la création. Voilà, dira-t-on, les conceptions d'un grand génie ; voilà le luxe de l'esprit humain : mais d'autres diront avec plus de fondement, c'est-là son extravagance.

Tous ces ordonnateurs de monde, tous ces fabricateurs de systêmes font un monde sans Dieu, et bâtissent l'univers en chassant, pour ainsi dire, l'intelligence suprême. Presque tous n'ont rien entendu à ces sublimes paroles: *Ego sum, qui sum.*

La matière subtile de Descartes, sa force centrifuge *), sa matière globuleuse, sa fine poussière dont il forme la terre habitable; tout son systême du

*) Donnez-moi du mouvement et de la nature, disoit Descartes; et je ferai un monde. Oui, tu feras un monde (car il faut en rire), tout comme un tourneur fait une tête..... à perruque. Insensé! et l'intelligence, seule cause réelle et existante, et le jet initial, et la cause finale....: mais *mes trois élémens*, ma *glande pinéale* où je loge l'ame, ma *science universelle.* Eh bien! je reconnois en toi le ton théologique, rien de plus, monté seulement sur un mode anti-péripatéticien. Remplacer des assertions ridicules par des assertions non moins ridicules, quel effort!

VI.   I

monde enfin est un délire *). Il s'égara ensuite dans la dynamique, dans l'optique. Il fut fantastique et romanesque jusques dans sa physiologie. *L'homme de Descartes* n'est point celui de la nature; il n'en a pas même le premier trait **).

---

*) Ce cerveau creux fit le *plein*. Il s'étoit d'abord arrangé pour le *vide :* mais le père *Mersenne*, minime, lui ayant écrit que l'on se moquoit prodigieusement à Paris du *vide*, il se retourna du côté du *plein*.

**) Ambroise Paré a rendu les plus grands services à l'humanité dans cette partie; mais ses travaux sont de fait et d'expérience : on n'a pas prononcé emphatiquement le nom d'un homme qui n'avoit point publié de gros rêves.

Ambroise *Paré* avoit écrit; l'immortel *Bacon* avoit écrit : Descartes ne lut ni l'un ni l'autre. Je m'étonne encore que l'on parle si peu de *Gassendi :* c'est qu'il avoit l'esprit religieux, qu'il étoit peu affirmatif, et qu'il ne se donnoit pas pour tenir en main la *clef de l'univers*.

Descartes finit un de ses chapitres par ces mots : *Et voilà le grand secret du mystère de la génération.* Le poëte Buffon n'a-t-il pas tenté de

Tandis que la physique et la chymie, régénérées de nos jours, et sorties du long sommeil de mort que leur avoit imprimé la secte de l'auteur des tourbillons, ne veulent aujourd'hui de découvertes que celles que confirme l'expérience, et ont abjuré toutes hypothèses, porterons-nous au Panthéon les restes de ce visionnaire qui a retardé pendant si long-tems la promulgation des vérités physiques, qui ne fit aucune expérience, qui les dédaigna toutes, et qui s'écarta constamment de tout sentier qui conduisoit à l'observation? Etrange contradiction! Après avoir avancé que toute science devoit commencer par le doute méthodique ou préparatoire, infidèle à sa propre maxime, il fut le premier à affirmer tout

I 2

---

nous mystifier aussi avec ses molécules organiques, chose moins plaisante cependant que son globe *incandescent*, qui se *refroidit*; et ses comètes, *écornures* du soleil, etc. ?

ce qu'il n'entendoit pas. Pendant combien de tems, et à la honte de la vraie science, la France savante n'a-t-elle pas été servilement attachée aux visions de Descartes! Il allia à cette déraison qui enfante rêves sur rêves, cette audace qui veut ensuite les faire adopter. Ses partisans imprimèrent à sa physique erronée une teinte théologique: c'étoit le vice du tems, j'en tombe d'accord; mais qu'est-ce qu'un système tyrannique qui arrête l'essor de tout autre système plus convenable à la marche des faits et de l'expérience?

Cependant il fut un géomètre, s'il ne fut pas un grand philosophe. L'application que Descartes a faite le premier de l'algèbre à la géométrie, très-belle invention, quoiqu'inférieure à l'application qu'avoit faite Galilée de la géométrie à la nature; cette application, dis-je, est son unique gloire dans les sciences *physico-mathématiques*. Personne ne la lui contestera: c'est la seule découverte qui justifie les pompeux éloges qui lui furent prodigués; et voilà le seul titre sur lequel se fonde cette partialité nationale, si funeste au genre humain, d'après laquelle le bel esprit Fontenelle osa mettre Descartes en parallèle avec Newton. Le bel esprit dit (et la tourbe des panégyristes l'a répété) qu'il avoit fallu passer par les tourbillons pour arriver à la vraie théorie du monde. Comme si l'erreur pouvoit servir de degré pour s'élever à la vérité! comme si Descartes étant venu après Képler et Galilée, n'avoit pas eu sous la main, aussi bien que Newton, les vrais élémens de la théorie de l'univers! et comme s'il lui eût manqué autre chose, que le grand art de les mettre en œuvre!

Les Français furent d'autant plus aisément et plus fortement subjugués par les opinions de leur philosophe adoptif, que cette nation a un plus vif penchant pour les plaisirs ou les travers de l'imagination: jaloux, pour ainsi dire, de leurs erreurs, ils voulurent en être possesseurs paisibles, et repoussèrent pendant quarante ans les mêmes vérités que nos voisins saisirent avidement et idolâtrement dès qu'elles parurent. Maupertuis le premier eut le courage de se déclarer Newtonien : une foule d'adversaires s'éleva contre lui, se fondant sur des opérations peu exactes faites en France : et ce fut pour imposer silence à ces ennemis du vrai, que deux troupes de mathématiciens entreprirent d'aller vérifier à grands frais, l'une au cercle polaire, l'autre à l'équateur, ce que Newton avoit découvert sans sortir de son cabinet. Le résultat de ces deux opérations célèbres confirma la théorie Newtonienne ; mais on n'en eut pas plus de respect pour Newton et pour la vérité. Clairaut et d'Alembert ne sachant pas combiner leurs calculs avec le mouvement de l'apogée de la lune, crurent avoir démontré fausse la loi primordiale de l'attraction, et firent imprimer leurs mémoires avec un air de triomphe. Enfin, ils s'aperçurent que l'erreur étoit dans le calcul, et rendirent un hommage tardif et forcé au génie de Newton.

Je ne parlerai point ici de la métaphysique de Descartes, parce qu'il n'y a plus de métaphysiciens après l'adorateur Platon. C'est que l'ordre et l'harmonie sont tout; c'est qu'il n'y a de réel que l'intelligence; c'est que l'être qui n'a point la conscience de son être, c'est comme s'il n'existoit pas; c'est que le souffle de la divinité est en nous; c'est que cette ame, distincte de celle que nous partageons avec les animaux, compose notre moralité, et qu'elle n'est ni liée ni soumise aux organes corporels. Jamais Descartes, dans ses livres, n'adore, ainsi que fait Newton, ce grand, ce premier moteur, cette intelligence unique qui a projeté pour des siècles à elle seule connus, le plan initial de l'univers. Il a fallu une impulsion initiale pour ébranler les sphères célestes; elle fut une, ainsi que la cause qui l'a ordonnée. Malheureux, qui ne voit que des agens bruts, que des aggrégations forcées, que des poulies, des rouages, des cordages, des atômes, des tourbillons, et qui ne fait que tracer des figures géométriques! Est-il étonnant que la cause finale lui échappe, ainsi que le plan universel!

Descartes étoit à moitié chemin des plus hautes vérités, lorsqu'il soutint religieusement les *idées innées;* mais il nous paroît qu'il n'eut pas la conviction intime du *Deus est in nobis*, lorsqu'il se sépara de Platon, et qu'il se perdit dans une logomachie scholastique. Il ne fit rien de ce principe lumineux, et c'est comme s'il ne l'eût pas avancé. Le sentiment du beau, du juste, la conscience, ne reconnoissent point les sensations pour leur source; la conscience n'est pas un accident: voilà ce qu'il devoit dire formellement, et ce qu'il n'a pas dit: il n'a donc pas su s'élever à la hauteur de la question. Locke et Condillac sont venus

ensuite nous empoisonner de leurs grossiers raisonnemens sur l'entendement
humain. Pauvres aveugles! ils avoient
la cataracte, la goutte sereine de l'ame;
ils n'ont point connu le flambeau qu'ils
portoient à eux-mêmes *); ils n'ont
point senti la liaison intime de l'homme
à l'harmonie universelle, liaison si in-
dépendante des sens. Plaisans métaphysiciens que des métaphysiciens non spi-
ritualistes! Des sensations ne font jamais
des idées morales, pas plus que des ca-

---

*) L'homme est un être ternaire...... Qu'un servile
disciple de *Locke* me dise sur quelle fibre joue
le remords qui, au bout de trente années, terrasse
l'ame d'un assassin constitué juge de l'innocent
accusé de son forfait, et qui le fait s'écrier:
*C'est moi qui suis le coupable, et non lui; je de-
mande à reposer dans le supplice qui l'attendoit.*
O instinct moral, rayon divin, tu tiens à la
spiritualité de notre ame, pure émanation de la
cause intelligente et bonne; c'est toi qui existes,
et ce qui n'est pas toi (pris dans le sens philo-
sophique), n'existe pas.

ractères d'imprimerie ne font l'Iliade. La moralité, la volonté sont tout, ordonnent tout, et l'instinct moral est sans cesse affranchi des organes matériels.

N'est-il pas étonnant qu'on ait foulé aux pieds, de nos jours, cette doctrine de Socrate, de Platon, de Marc-Aurèle, et qu'on ait oublié sitôt *la profession de foi du vicaire savoyard*, qui se marie à la sagesse de la plus haute antiquité? Vous qui avez voulu conduire les hommes et faire des lois en abandonnant ces idées simples et religieuses, tous vos pas ont été des crimes.

Frappé de l'immoralité profane d'une génération où l'on a vu, pour la première fois peut-être, l'alliage des passions impétueuses du sauvage et de la dépravation de l'homme policé, je me suis souvent dit: Quels sont donc les principes qui, mal vus ou mal entendus, ont scélératisé tant de têtes? et j'ai cru remarquer, dans les atteintes portées à la spiritualité de l'homme, la naissance de cet esprit infernal qui provoqua tant de scènes de carnage et de deuil. L'homme n'a plus été le miroir de la divinité *),

---

*) Jacob Dupont déclare à *la tribune* qu'il est athée; fanfaronnade qui a tant prêté à la calomnie contre la Convention nationale, et qui l'a déconfiancée dans toute l'Europe; tant un seul fou est dangereux! Danton, volant une phrase de Buffon, s'écrie: *La nature s'embarrasse peu des individus, elle ne s'occupe que de l'espece,* et applique inhumainement à la politique une pensée de naturaliste. Ces plagiaires n'ont jamais compris le *mal* que pouvoient faire les mots, lorsqu'ils étoient dénaturés. C'est en plagiant les idées philosophiques et les traduisant dans l'idiôme de la folie, que l'on a vu ces tems d'extravagance et de délire où, à la voix d'un tribun, l'image affreuse de l'athéisme s'offroit par-tout à nos regards, où les lieux publics présentoient ces mots désespérans: *La mort est un sommeil éternel.* Et pouvons-nous, sans entendre de nouveau les risées de l'univers, rappeler le souvenir de ce *décret* qui rendoit son créateur à l'univers? Remarquez bien que ce fut pendant l'absence totale des idées religieuses, que les plus grandes cruautés rencontrèrent, indépendamment

on l'a brisé sans pitié comme sans remords : des naturalistes audacieux avoient
préparé le règne de ces philosophes coupables qui veulent tout expliquer par
les sens corporels, qui veulent tout ré-
duire à des opérations purement physiques. Funeste philosophie, qui n'as
cherché qu'à animaliser l'homme! c'est
toi qui as formé le calus sur l'ame de
tous nos égorgeurs; et ils ont cessé
d'être hommes: car je ne les ai pas encore entendus s'écrier, avec la voix du
repentir : *Nous avons été des monstres!*

C'est depuis ce fabricateur d'un univers idéal, et d'après lui, que l'orgueilleuse géométrie, sortant de ses do-
maines, est venue avec le froid de sa
méthode, la rudesse de ses termes barbares
et le néant de ses abstractions, s'exercer

---

des exécuteurs et des complices, le plus grand
nombre de témoins froids et impassibles. Ils
disoient : *La guillotine est un supplice très-
doux; d'ailleurs, la mort est un sommeil éternel.*

d'un air de suffisance sur toute sorte de sujets. Presque toutes les sciences en ont été infectées: tout s'est embrouillé dans un chaos immense de calculs; les hypothèses les plus folles, les systêmes les plus absurdes, ont été accrédités au moyen de cette espèce de charlatanerie; la raison a souvent été forcée de se taire devant l'appareil imposant de calculs algébriques: une certaine réputation, un ton affirmatif et des figures de grimoire, ont fait recevoir pour vraies les propositions les plus contradictoires *).

---

*) On ne parle point ici contre la géométrie, mais contre l'abus invétéré de son langage, que l'on transporte jusques dans la politique: elle a cependant son *côté fâcheux*. Aimera qui voudra, par exemple, les productions de cette triste et froide géométrie qui calcule les moyens de détruire les remparts qu'elle même a élevés pour la défense des hommes, et qui peut-être même ne se regarde comme arrivée au comble de son art, qu'autant qu'elle triomphe d'elle-même, et qu'elle fait détruire en un instant ce qu'elle a mis des années entières à élever.

L'abus de ce langage date de Descartes : il en donna le dangereux exemple jusques dans ses lettres particulières ; mais du moins il ne l'exerça pas sur la politique, car il n'écrivit rien sur cet objet. Le mécanisme social, qui est encore (à peu de chose près) un secret pour le dix-huitième siècle, étoit alors soumis à une sorte d'admiration silencieuse. La cour de Christine, ses voyages en Hollande, en Allemagne, en Italie, en Angleterre, ne lui ont rien inspiré, pas une phrase que l'on puisse citer à cet égard : il étoit né pour son monde imaginaire. Pendant la tenue des Etats du royaume assemblés à Paris en 1614, Descartes ne dit mot.

Il écrivit sur la morale, sur laquelle il est presque impossible de mal parler : et il eut pour disciple cette reine fantasque, cette reine de Suède, qui vagabonda en Europe, et donna en France le spectacle d'un assassinat devant lequel tous les philosophes du tems gardèrent un profond silence. Il ne paroîtroit pas que la morale de Descartes eût beaucoup influé sur le cœur de Christine, qui se crut philosophe parce qu'elle se moquoit du pape, et qu'elle avoit ajouté les rêveries de son maître aux rêveries orgueilleuses d'une femme et d'une tête couronnée.

Mais quand Descartes eût été un grand, un sage philosophe, observateur patient et attentif de la nature, un *Spallanzani*, sommes-nous ici pour bâtir le palais de la renommée, pour distribuer les rangs parmi les philosophes et les naturalistes? il faut le tribunal ou l'assemblage de plusieurs siècles pour juger à cet égard l'homme de génie. La nature rit de nos vains systèmes: à peine adoptés, ils s'écroulent. Les réputations tombent et s'effacent tour à tour, parce que les lois universelles marchent sans cesse invariables, tandis que nos opinions sont mobiles et changeantes: c'est toujours l'ignorance qui a déifié l'erreur;

une admiration sur parole, voilà ce qui domine notre crédule entendement. Si l'auteur de la Genèse n'est pas encore tout-à-fait jugé comme physicien; car tantôt son systême se relève, tantôt du moins telle partie de son antique narration semble mieux confirmée par les faits qu'aucun autre systême de physique; avouons sans peine que nous sommes un peu inhabiles à classer ces grandes réputations, et songeons qu'il ne faudroit peut-être qu'une expérience nouvelle pour dissoudre tout-à-coup tous nos pompeux raisonnemens, et les couvrir du même ridicule dont nous avons enveloppé les systêmes des anciens. Demain la chymie nous prouvera peut-être qu'il n'y a que deux élémens au lieu de quatre. Nous sommes sur les bords d'un monde tout-à-fait nouveau; ne précipitons point nos apothéoses: j'ai déjà vu naître et mourir certaines renommées qui avoient fait aussi leur roman de l'univers.

Le Panthéon est un temple républicain, réservons-le pour les héros et les
martyrs de la révolution. Que les livres
de Descartes soient abandonnés, comme
tous les autres livres, aux éternelles dis-
putes des hommes : ne leur décernons
pas, nous, une couronne privilégiée; ce
seroit nous encenser nous-mêmes; ce
seroit ouvrir un champ trop vaste aux
discussions subtiles et oiseuses. Laissons
le pays des chimères, et marchons sur
un terrein solide; attachons-nous aux vertus républicaines qui ont une physionomie incontestable, et dont nous sommes,
nous, les premiers et les véritables
juges. Que celui qui aura versé son sang
pour la patrie reçoive les hommages de
la patrie. Que la plume du législateur
soit à côté de l'épée du guerrier; mais
que les autres plumes, lorsqu'il faut des
siècles, soit pour décider leur transcen-
dance, soit pour mûrir leur utilité, aillent
chercher des honneurs dans un autre
sanctuaire.

VI. K

La république des lettres a ses palmes comme elle a ses débats; n'entrons point dans ses débats, et ne distribuons point ses palmes. Recueillons nos grands hommes, c'est-à-dire, ceux qui, dans la plus étonnante comme dans la plus effrayante des commotions politiques, auront su conserver un esprit égal, un caractère mâle et républicain: ceux-là, nous pouvons les apprécier et les honorer.

Oui, plus fermes dans leurs idées régénératrices, nos devanciers ne se seroient point embarrassés du soin de façonner quelques statues littéraires, car elles s'érigent et se brisent au gré des imaginations des hommes: ils n'auroient pas ouvert les portes du Panthéon à ce grand poëte, à ce grand corrupteur qui flatta tous les rois, tous les grands et tous les vices de son siècle; qui caressa toutes les licencieuses erreurs accréditées dans les cours; qui fut indécis jusques dans son Brutus, où perce son génie

147

monarchien malgré toute la force du sujet *). Il n'a su frapper la superstition
qu'en blessant profondement la morale:

K 2

---

*) Voulez-vous le voir tout à son aise, lisez ces
vers d'*Adélaïde du Guesclin:*

Le pur sang de Clovis est toujours adoré:
Tôt ou tard il faudra que de ce tronc sacré
Les rameaux divisés et courbés par l'orage,
Plus unis et plus beaux soient notre unique
       ombrage.

On a parlé de la *Mort de César;* mais dans
cette pièce, peu s'en faut que l'on ne regrette
César. Cette mauvaise et infidèle imitation de
Shakspear prouve que Voltaire n'a point senti
dans le poëte anglais le rôle concentré de Brutus,
et qu'il n'a pas su lire ce chef-d'oeuvre tout à la
fois historique et dramatique.

Voltaire a loué pendant cinquante ans l'homme
le plus immoral du siècle, le *duc de Richelieu;*
il a fait des vers pour la *Pompadour,* pour la
Dubarry, pour toutes les princesses et leurs fem-
mes-de-chambre, et pour les ministres en place.
Exerçant un despotisme littéraire, analogue à
son ardente jalousie contre toute espèce de succès,
il aduloit tout ce qui étoit vil et rampant, pour
en être encensé: il cajola Frédéric; puis, en

bien différent d'Hercule, qui perça le Centaure sans tuer la belle Déjanire.

Il ne vit dans la *Théodicée* de Leibnitz, le plus beau des livres, que le sujet du roman de *Candide*, cette misérable production qui attaque le dogme consolateur de la providence. Avec son éternel sourire sardonique, il nous a légué un pyrrhonisme honteux, et peut-être avec lui, cette légèreté cruelle qui nous fait glisser sur les vertus comme sur les forfaits. Ecrits de l'auteur dé la *Pucelle* *), moeurs

---

mourant, il déposa sur sa tombe la satyre la plus virulente contre son héros. Le *Siècle de Louis XIV*, le *Siècle de Louis XV*, le *Panégyrique* de celui-ci, tout prouve qu'il fut un adulateur constant, non de la royauté, mais, ce qui en est bien différent, des rois.

*) Quel ravage dans nos moeurs n'a pas fait cet écrit? j'en appelle à l'expérience; c'est le code de la jeunesse, qui le sait par coeur. Parlez donc, après cela, de Socrate, de Platon, d'Epictète, de Marc-Aurèle, de Sénèque. Comme la statue de J.-J. Rousseau repousse celle qui l'avoisine!

républicaines; non, ces mots - là ne s'associeront jamais. Jamais la physionomie de Voltaire (j'en jure par l'honnêteté publique) ne sera une physionomie antique.

Gardons - nous désormais de panthéoniser à la légère, car nous ne devons plus idolâtrer. Déjà deux fois le Panthéon a été souillé *). Pénétrons - nous bien de cette vérité peu connue et mal sentie, que nous n'avons pas les vraies et sures balances propres à peser avec justesse les têtes pensantes. Nos savans, ou ceux qui se disent tels, qui ont cru surmonter beaucoup de préjugés, sont de fait les hommes les plus criblés de préjugés; nul d'entre eux ne sait quelle de nos

K 3

---

*) Encore, si *Mirabeau* eût dit comme l'ancien capitaine *Epaminondas:* Nous croyons qu'il en est de l'argent comme de toute autre chose, qu'il y a des moyens honnêtes de le donner, de le recevoir, et qu'il y en a de honteux.

opinions surnagera dans cinquante ans; nul ne sait quel de nos livres ira surprendre, instruire ou charmer la postérité. L'engouement est le lot des Français *). Et voilà l'ouvrage fatal des académies **): à force de vouloir tout juger elles nous ont désappris à lire ce qui est

---

*) Si chacun de nous, d'après son goût, ses affections, ses préjugés, ou même sa conviction, alloit appeler au Panthéon son auteur favori ou son *idole*, ce temple ne seroit plus dans la suite qu'une *pagode*.

**) Que celui qui se tait et adore, sensible à la magnificence d'un ciel étoilé, éprouvant un charme secret et profond dans la contemplation des astres et de ce firmament silencieux, combien il est plus près du grand, du bon auteur de la nature, du père de tous les hommes, que tous ces *faiseurs de système*, qui, en se jetant dans tous les problêmes de géométrie, ont tant de peine à prononcer enfin le nom de Dieu, comme si c'étoit un nom abandonné à l'ignorance! Ce nom, *Moïse, Mahomet, Zoroastre, Confucius, Marc-Aurèle, Newton, Euler*, l'ont prononcé en courbant la tête: c'est que c'est l'ame (l'ame que nous tenons de *lui*) qui le sent et l'aperçoit: tel

sous nos yeux. La gloire réelle des écrivains ne dépend pas de nous; le tems
seul la confirme ou la détruit; leur apothéose est dans leurs livres, et non ailleurs.
Laissons-les donc vivre ou mourir dans
leurs ouvrages. Quant à la véritable gloire
des républicains, elle n'est et ne doit être
que dans une plus grande somme de li-

K 4

---

astronome a observé le ciel toute sa vie, mais,
hélas! il ne l'a point vu ce grand ciel. . . . . ,
O pectora caeca!

Profonds ergoteurs, dites-moi donc *comment
je remue mon bras.* J'adore; et voilà le commencement de la science comme de la sagesse.
J'adore, je me prosterne, je m'humilie, et jamais
je ne me sens plus fort, plus content, plus lumineux, plus voisin sympathique . . . . du ciel.

Que *Pascal* (qui étoit aussi un géomètre) me
paroît supérieur à *Descartes,* lorsqu'il dit : *Tout
notre raisonnement se réduit au sentiment; que
l'homme s'estime son prix, il est grand; et ce qui
lui révèle sa grandeur, c'est qu'il se connoît misérable.* Non, je ne connois pas une plus belle
pensée.

berté et de bonheur. Ne nous offensons pas de la supériorité d'un Anglais: Newton appartient à l'humanité entière. Ne soyons pas plus jaloux de lui que du Tasse ou de Virgile. N'allons pas créer des rivalités particulières, ni opposer entre eux des hommes qui sont pour tous les tems et pour tous les lieux. Gardons-nous sur-tout de renouveler, et d'une autre manière, le ridicule des canonisations : car on pourroit rire des modernes comme on a fait des anciennes.

Voltaire, qui pendant une très-longue vie, n'a jamais eu que de *dix-huit* à *vingt-deux* années, a critiqué *Pascal* sans trop l'avoir compris ; il s'est bien permis d'appeler *Clarke un moulin à raisonnement*, deux mots absolument contradictoires : mais il devoit faire rire les Français ; c'étoit-là son rôle, comme *Préville* sur la scène. Que d'auteurs profonds oubliés ! *Clarke, Skatstesbury*, qui ont écrit avec tant de force, de clarté et de sentiment contre les matérialistes, ne sont presque plus cités en France. Nous avons d'immenses bibliothèques, et nous ne lisons point ; les livres ont tué les écrits.

Quand il y a égalité chez les morts; et après que nous avons disséminé la poussière orgueilleuse des tombeaux couronnés de trophées ou de marbres imposteurs, n'allons pas ressusciter une vieille idolâtrie, ni porter en procession quelques os vermoulus. Ouvrons un *livre de vie* et que le nom des hommes de génie y soit gravé *). Cela suffira et pourra épargner au peuple ces fêtes coûteuses, ces dépenses superflues, cette perte de tems qu'entraînent toujours ces cérémonies qui ont quelquefois un aspect bizarre.

Que l'auteur des tourbillons et de la matière subtile, Descartes, ait été un romancier ou un génie exact, qu'importe au peuple? Quand il verra passer

---

*) Si l'on veut absolument panthéoniser Descartes, je ne m'y oppose plus; mais je demanderois alors que l'on ne portât point à l'édifice cette vile matière qui n'est point Descartes. Je demanderois que l'on portât . . . . . . son **NOM.**

sa statue, il la verra du même œil que celle du grand *Lama*. Il ne pourra découvrir ni le but ni la nécessité de cette apothéose *). Combien d'hommes dans cette grande cité sont absolument étrangers à Descartes et à sa doctrine! Il n'en est pas trente dans cette commune qui aient lu les livres de Descartes.

Je conclus par demander que le Corps législatif, ne s'érigeant point en

---

*) Cet édifice si somptueux, à quoi sert-il? à loger des rats, des chauves-souris, et le cercueil du pauvre J.-J. Rousseau, qui pendant sa vie manquoit de bois pour se chauffer. Avec ce qu'il a coûté, ce dôme, on auroit bâti trente maisons de charité, commodes, salubres, aérées. O cruels architectes, et vous, peintres, statuaires, décorateurs, artistes dangereux, artistes inutiles, dévorateurs nés des républiques, de toute fortune publique, qui épuiseriez des mines d'or avec vos caprices changeans et ruineux, ennemis des véritables arts moraux, consolateurs ou nourriciers...
... vous n'échapperez pas à mon *livre*.

corps académique, et au-dessus de toute
vanité nationale, laisse la mémoire de
Descartes vivre ou mourir dans ses ouvrages, et le rapport du décret du 2
octobre *) 1793., (v. st.), qui ordonne
la translation de ses cendres au Panthéon.

---

*) Quelle époque! c'étoit la veille du jour où
Amar est venu froidement, tranquillement, demander à la tribune la mort de quarante-deux
représentans du peuple, et l'arrestation de
soixante-treize. La Convention ne respiroit point
alors, je pense, dans une atmosphère bien phi-
losophique !

Chapitre CCXLVIII.

Tout est optique.

Ou jeu d'optique. De près, que les choses sont différentes de ce qu'on les juge de loin! Tout a ses apparences trompeuses. On se peint Paris bouleversé à chaque commotion politique, et les enfans mis à la broche par les cannibales qui ont pris la Bastille et le château des Tuileries. C'est le vent qui porte au loin le bruit du canon: tout à côté on l'entend moins.

La fameuse séance qui détermina le sort de Louis XVI, dura soixante-douze heures. On se représente sans doute dans cette salle le recueillement, le silence, une sorte d'effroi religieux; point du tout : le fond de la salle étoit transformé en loge, où des dames, dans le plus charmant négligé, mangeoient des glaces, des oranges, buvoient des liqueurs : on alloit les saluer, on revenoit. Les huissiers, du côté de la *Montagne*, faisoient le rôle des ouvreuses de loges de l'Opéra, on les voyoit ouvrir à chaque instant les portes des tribunes de réserve, et y conduire galamment les maîtresses du duc d'Orléans-Egalité, caparaçonnées de rubans tricolors.

Quoique l'on eût défendu tout signe d'approbation et d'improbation, néanmoins, du côté de la *Montagne*, la mère-duchesse, l'amazonne des bandes jacobites, faisoit de longs ha! ha! quand elle n'entendoit pas résonner fortement à ses oreilles le mot de mort.

Les hautes tribunes destinées au peuple, pendant les jours qui précédèrent ce fameux jugement, ne désemplirent pas et d'étrangers, et de gens de tout état: on y buvoit du vin et de l'eau-de-vie comme en pleine tabagie. Les paris étoient ouverts dans tous les Cafés voisins.

L'ennui, l'impatience, la fatigue se caractérisoient sur presque tous les visages. Chaque député montoit à son tour à la tribune, et c'étoit à qui diroit: Mon tour approche-t-il? On fit venir je ne sais quel député malade ou convalescent; il vint affublé de son bonnet de nuit et de sa robe de chambre: cette espèce de fantôme fit rire l'Assemblée.

Passoient à cette tribune des visages rendus plus sombres par de pâles clartés, et qui d'une voix lente et sépulcrale, ne disoient que ce mot, *la mort!* Toutes ces physionomies qui se succédoient; tous ces tons; ces gammes différentes; d'Orléans hué, conspué, lorsqu'il prononça la mort de son parent; puis les autres calculant s'ils auroient le tems de manger avant d'émettre leur opinion, tan-

dis que des femmes avec des épingles pi-
quoient des cartes, pour comparer les
vots; des députés qui tomboient de sommeil et qu'on réveilloit pour prononcer;
Manuel, secrétaire, escamotant quelques
suffrages en faveur du malheureux roi,
et sur le point d'être mis à mort dans
les corridors pour prix de son infidélité;
de tout ce que j'ai vu-là, rien ne peut
se redire comme il s'est passé; il est impossible de se figurer ce qui est; l'histoire ne pourra y atteindre.

Eh bien! il en est de même de toutes
les journées mémorables; j'y étois, et je
n'ai jamais su où j'étois; c'est-à-dire,
comprendre, ou le péril où je me trou-
vois, ou toutes les singularités qui m'en-
vironnoient.

J'ai vu porter la tête de *Féraud*, et
je ne puis rendre compte de son assassinat; j'ai vu *Henriot* commander aux ca-
nonniers, et je ne sais par quel chemin
je me suis retrouvé libre et chez moi;
j'ai appris la victoire du treize Vendé-

miaire, lorsque, sur ma chaise curule, je ne savois pas encore s'il y avoit eu bataille; j'ai couru le palais du Luxembourg le dix-huit Fructidor sans connoître l'importance de cette journée; je n'ai jamais cru à l'audace insolente et sanguinaire des Montagnards, parce que j'étois près d'eux. J'ai vu l'instant où *Duperret* donnoit le signal de fondre sur quarante scélérats, qui se disoient exclusivement les fondateurs de la République, et d'en délivrer la terre et la France; cela a tenu à un fil; le côté droit, longtems en majorité, n'a été perdu que par le mépris qu'il avoit pour ses adversaires. Nul de nous n'a ajouté foi à leur inconcevable triomphe: je le répète, *tout est optique;* il est impossible de se figurer ce qui est: les *Mallet-Dupan*, faute d'être avec nous et d'écrire sur les lieux; ne tracent que des images de fantaisie: tout est faux, menteur, exagéré, hors de la ligne visuelle; tous leurs rapports ressemblent à de vieux almanacs, et rien n'est applicable ni à la veille ni au jour.

Comme les crises révolutionnaires sont composées d'*infiniment petits*, ceux-ci forment la base essentielle de tous les événemens. En général ils ont eu lieu d'étonner l'observateur; presque tous ont été non-seulement imprévus, mais ils ne tomboient pas même sous la croyance de l'homme sensé. Et comment se figurer l'excès de la cruauté en pure perte; d'exécrables extravagances sans but; une doctrine comme celle de Marat trouvant des enthousiastes; des bacchanales sans-culottiques approuvées dans ce qu'elles avoient de plus hideux; et Robespierre, à l'aide de la Commune, courbant sous sa volonté ceux même qui étoient aussi ambitieux et aussi méchans que lui?

J'ai vu le triomphe d'une grossièreté loquace et furieuse, mais je n'y croyois pas la veille, parce que je ne pouvois admettre le délire ou le sommeil d'une nation entière, et le pouvoir remis à l'incapacité et à l'ineptie. Le crime impudent me sembloit devoir fuir dans les ténèbres; on l'a préconisé, on l'a applaudi.

Et cependant ceux qui sont loin du lieu de la scène prétendent expliquer les causes de tels ou tels événemens de la révolution: ils confondent seulement les tems, les lieux et les personnes.

Comment l'historien se retirera-t-il de ce labyrinthe? comment évitera-t-il l'empire de sa propre opinion, lorsque les hommes les mieux exercés à voir ont eu peine à saisir un point de vue, et à fixer un objet dans cette extrême et continuelle mobilité d'optique?

Ecrire l'histoire de la révolution sera une tâche presqu'impossible avant un demi-siècle, parce que ses agens, encore plus mobiles que leurs passions, échappent souvent à l'oeil qui les suit le plus attentivement, et que l'on voit que les principes qui gouvernoient la veille, n'étoient plus ceux du lendemain. Comment

écrire une telle histoire, si l'on perd l'en-
chaînement de chaque jour? car tel événement a été produit d'une manière si
inattendue qu'il semble avoir été créé et
non engendré.

Le boulet de canon qui coupa la chaîne
du pont-levis de la Bastille, douze heures
plutôt ou plus tard, restoit sans effet; et
si le jour que Robespierre redonnoit l'Etre-
suprême à la France, il avoit eu l'esprit
d'ouvrir toutes les prisons et de procla-
mer le règne de la clémence, à l'exemple
de l'Etre-suprême, il s'élevoit à lui-même
tout à la fois un trône et un autel.

Que d'acteurs sur ce grand théâtre!
les uns jouant le rôle des Mahomet, les
autres se réduisant à celui des Seïde.
Vouloir peindre leur physionomie, autant
vouloir fixer la couleur des nuages. Si
l'on s'étonne que tant de crimes aient
été commis, on se demande comment
tels ou tels hommes se sont-ils arrêtés,
ou se sont-ils fourvoyés? C'est que de
près les grandes images ne sont plus les

mêmes; toutes ces épithètes injurieuses données à notre révolution, à ses auteurs et à ses partisans, tombent lorsqu'on la voit marcher toute seule et dans les jours même où elle n'avoit plus d'appui. Les noms de *République*, de *gouvernement représentatif*, de *haine aux gouvernemens héréditaires* ont agi sur tous les cerveaux. La destruction des priviléges et la nécessité de les détruire ont été senties universellement.

La guerre rugit en Europe, mais ses flots orageux sapent et minent les trônes. Tous les potentats jaloux de retenir leur féroce domination, et se coalisant entre eux pour tenir à la chaîne l'espèce humaine, conspirent contre la Nation qui a donné à l'univers le rapide signal de la liberté. Ils conspirent vainement, ces rois tout étonnés de voir le sceptre dont ils opprimoient leurs sujets, échapper enfin de leurs mains; ils conspirent follement! Le tems des priviléges est passé.

Et c'est pour maintenir leur odieux privilége, c'est pour mettre la naissance en place de la vertu, les parchemins au lieu du travail, que quelques hommes se sont séparés de leurs semblables et veulent aujourd'hui exercer leur vengeance; Oui, c'est la guerre pour les priviléges qui a embrâsé toute l'Europe. Mais comme ils offensent la raison humaine! quelle est donc la force qui puisse faire taire la raison humaine?

Renfermez un seul tonneau de poudre au centre du globe; plus la pression sera forte, plus l'explosion sera terrible: il en est de même des droits de l'homme; quand on veut les anéantir, ils sont reconnus, c'est dire en d'autres termes, que leur triomphe est désormais assuré pour tous les tems et pour tous les lieux.

CHAPITRE CCXLIX.

Arrêté.

D'après l'arrêté du Directoire exécutif, an VI, tout journal ou écrit périodique, dans lequel l'ère ancienne, qui n'existe plus pour les citoyens français, se trouvera désormais accolée à l'ère nouvelle, même avec l'addition des mots (*vieux stile*), ainsi qu'il a été indécemment pratiqué jusqu'à ce jour, sera prohibé. Cet article ne paroît pas d'abord d'une bien grande importance; mais aux yeux de tout républicain qui réfléchit, il est évident que dans le nouveau régime, il faut arracher jusqu'aux dernières racines de l'ancien.

Depuis le 14 Germinal an VI, les directeurs de spectacles sont tenus de régler leurs représentations sur le calendrier républicain, et de représenter exactement tous les Décadis et jours de fêtes nationales, sans pouvoir le faire les dimanches et fêtes de l'ancien calendrier, lorsque ces jours ne se rencontreront point, soit avec un jour ordinaire de spectacle, soit avec un jour de fête nationale, soit avec un Décadi. Tout théâtre qui contreviendra à cet arrêté du Directoire exécutif, sera fermé. Cependant il y aura encore les dimanches des salles de spectacles ouvertes. Entrez ces jours-là dans nos églises, et vous y verrez une foule d'autant plus grande, qu'on y assiste *gratis*.

Chapitre CCL.

Margarita.

Le *prêtre Margarita*, curé de St.-Laurent, vient de rétracter son serment. Le jour de Pâques approchoit, et depuis quelque tems, les bonnes vieilles dévotes ne vouloient plus se confesser à ce grand jureur. Les nouveaux nés, les décédés même ne vouloient plus, dit-on, ni de son baptême, ni de son *Deprofundis.* En vain il avoit retroussé ses beaux cheveux blonds, et mis un beau ruban verd à son chapeau. Cette toilette ne séduisit pas. Il prend un autre parti. Il monte en chaire et déclare à ses chères ouailles, que le serment qu'il a fait, *n'est que pour la forme*, qu'il s'en repent, et le rétracte. Il les prie ensuite avec l'éloquence mielleuse d'un caffard adroit, de lui rendre une confiance qu'il n'auroit jamais perdue sans cette *vilaine* révolution. Tout l'auditoire fondoit en larmes. Qu'en est-il résulté? C'est qu'il a eu quatorze voix pour être électeur, et que quinze seulement l'ont rejeté.

CHAPITRE CCLI.

Accapareur.

Il en est de plusieurs espèces: les uns se hâtent de s'emparer, l'argent à la main, d'un genre de marchandises, dans un tems où il est à un prix modique, pour le vendre à un prix exorbitant, quand ils seront parvenus à le rendre rare. Ils ont à cet égard, dans leurs magazins, un baromètre qu'ils font hausser ou baisser à leur gré.

Leur but est seulement de s'enrichir, sans s'inquiéter si c'est le patriote ou l'aristocrate qui a raison. La cocarde blanche ou la cocarde nationale leur sont parfaitement indifférentes, pourvu qu'ils *gagnent tant.* C'est de toute la langue le mot qu'ils connoissent le mieux, et qui leur paroît avoir le plus d'énergie.

Il est d'autres *accapareurs* bien plus coupables. Ce n'est pas leur bien particulier qu'ils cherchent, en *accaparant* des objets de première nécessité : ils mettroient le feu à toutes les moissons ; ils enfouiroient leur or à vingt pieds sous terre, sans le moindre regret. C'est le mal général qu'ils desirent. Ils espèrent que la privation absolue des choses d'une indispensable nécessité, commencera par mécontenter le peuple, que le peuple mécontent finira par se révolter; et voilà (les monstres!), voilà l'heureux moment après lequel ils aspirent pour se joindre à lui, en ayant l'air de le plaindre, et allumer alors les torches de la guerre civile, avec laquelle ils se flattent d'incendier la République qu'ils détestent, parce qu'elle force leur orgueil à se courber sous le niveau de l'égalité.

Chapitre CCLII.

Huit Septembre.

Les Parisiens, dans l'ancien régime, alloient le 8 Septembre, en pélérinage à un Calvaire, adresser leurs prières au bon *Jesus* sur la croix. Ils ont cessé ce saint exercice, depuis que *Jesus* n'est plus à ce Calvaire, et qu'il n'est maintenant possédé que par *le mauvais larron......* Comment l'appelez-vous? — Oh! ce n'est pas moi qui vous dirai son nom. J'aime mieux vous apprendre une nouvelle toute récente; c'est que le représentant *Tallien* se dispose, selon *Poultier*, à accompagner le général *Bonaparte* dans la grande expédition qui se prépare.

Telles sont les plaisanteries que se permettent les Parisiens; et ceux qui en sont l'objet en rient eux-mêmes les premiers.

Chapitre CCLIII.

Gens de lettres.

C'est à qui usurpera le titre d'homme de lettres: on ne sait comment le donner ni comment le contester; et c'est sur-tout à Paris qu'on voit plusieurs écrivains à peine connus, et dont le patriotisme est plus que douteux, se hâter maintenant de brocher une petite pièce bien républicaine...... „Ah! ah! disent-ils, on reproche aux gens de lettres de ne pas s'être montrés: eh bien! me voilà avec mon drame civique.“

Une réflexion bien douloureuse qui ne doit échapper à personne, c'est que

les gens de lettres qui, par leurs ouvrages, ont le plus contribué à éclairer
la Nation, et par conséquent, à opérer
notre glorieuse révolution, sont tous
morts avant son immortelle explosion.
Maintenant que la liberté règne, quels
écrits ne publieroient pas les *Montes-*
quieu, les *Voltaire*, les *Rousseau*, les *Ma-*
bly, les *Helvétius*, les *Diderot!* eux qui,
sous le despotisme, tenant à la main le
flambeau de la vérité, n'osoient en se-
couer que quelques étincelles! Je voudrois qu'un écrivain philosophe entreprît
un ouvrage en dialogue, dans lequel ces
grands hommes réunis aux Champs-Ely-
sées, et par conséquent, sans passions,
se montreroient les uns aux autres jusqu'à quel degré chacun d'eux en particulier, a coopéré par son génie à la régé-
nération de la France. Ah! je croirois
avoir bien mérité de la patrie, si, en
mourant, je laissois cet ouvrage sur ma
tombe! Hélas! je cherche, sur-tout à
Paris, quels sont les successeurs des

illustres écrivains que j'ai nommés ; mais, *Vox clamantis in deserto !*

Je ne compte point parmi les gens de lettres, ceux que le plus juste mépris fait appeler *journaillons*, et dont le public se venge quelquefois d'une manière plaisante. En voici un exemple. Dernièrement une pièce eut le plus grand succès au théâtre ; un *journaillon*, auteur des Petites Affiches, s'avisa, dans ses feuilles, de brocarder l'ouvrage que le public avoit accueilli ; et le public, séant en son tribunal, fit apporter les feuilles de l'auteur, et les condamna à être lacérées en plein théâtre ; et la sentence y fut exécutée.

Chapitre CCLIV.

Les nouvelles murailles.

C'est cependant Lavoisier, de l'Académie des sciences, à qui l'on doit ces lourdes et inutiles barrières, nouvelle oppression exercée par les traitans sur leurs concitoyens. Mais, hélas! ce grand physicien, Lavoisier, étoit Fermier - général.

> Pour augmenter son numéraire,
> Et raccourcir notre horison,
> La Ferme a jugé nécessaire
> De nous mettre tous en prison.

On se souvient des plaintes que les Parisiens ont portées contre cette clôture injurieuse; elle avoit pour but secret de

VI.   M

maîtriser et de contenir la ville, plusieurs de ses bâtimens d'entrée étant de véritables forteresses.

Le duc de Nivernois, à qui l'on demandoit son avis sur cette nouvelle enceinte, répondit en colère: *Je suis d'avis que l'auteur de ce projet soit pendu:* le malheureux Lavoisier ne fut pas pendu, mais guillotiné par la tyrannie décemvirale, qui, dans sa profonde ignorance, confondit un chymiste du premier ordre avec un pharmacopole. La clôture subsiste; l'enceinte odieuse a favorisé le droit de passe: on le perçoit malgré toutes les plaintes; mais comme ce sont les voitures qui payent, et que quiconque a une voiture peut bien supporter cet impôt; d'ailleurs applicable à la réparation des routes, ces plaintes ont paru déraisonnables à tous les gens sensés.

Ces barrières diffèrent entre elles tant par leur forme, leur grandeur, que par leur disposition intérieure. On en voit qui ressemblent à des cavernes, à des tombeaux, les unes à des églises, d'autres qui ont la magnificence des palais. L'architecte a prodigué ses dessins fantasques. C'étoit la Ferme qui donnoit l'or, et la ville qui épanchoit ses sarcasmes.

Chapitre CCLV.

Le pré St.-Gervais.

C'est le paradis terrestre, ou, pour parler plus juste, le jardin d'amour des Parisiens.

A peine aux premiers beaux jours du printems, le zéphir a-t-il épanoui les lilas de sa douce haleine, mille essaims de voltigeantes beautés s'y réunissent à l'envi. On les voit circuler en chantant, dans les sentiers étroits dont ces jolis arbustes couronnent les bords. Plus promptes que les Argus qui veillent à leur garde, toutes à la fois choisissent et détachent d'un doigt mignon leurs branches fleuries. Un jour voit naître

et disparoître ces trésors. C'est un lar-
cin d'habitude que l'amour chaque année
justifie par l'intention, devant le rustique
Municipal.

Mais c'est à la mi-Juin, époque où
les cerises brillent aux arbres comme des
rubis, où les paysannes cueillent la gro-
seille rafraîchissante, et portent sur leur
tête des paniers de fraises, qu'il faut voir
tout un peuple laborieux gravir en ser-
pentant, la cime de Belleville, pour se
régaler de ces fruits bienfaisans. Les
enfans précèdent leurs parens, et portent
les provisions du dîner. Cette promenade, qui leur fut long-tems promise, est
la récompense de leur sagesse et de leur
docilité. Transportés d'aise, ils brûlent
d'arriver. Déjà la jeune sœur se repose
à côté de son frère, au bas du moulin,
d'où la vue plonge sur Paris et ses antiques tours. Là, toutes les filles sont
belles : une douce fatigue a fait épanouir
les roses de leur teint.

Quel pinceau exprimera la surprise d'un lugubre habitant de là rue des Rats ou de celle Tire-charpe, qui ne voit d'autre jardin que le pot de basilic de sa fenêtre, à l'aspect de l'immense perspective, qui, de là hauteur de Romainville où il arrive trempé de sueur, se développe tout à coup à ses regards, surtout dans un de ces beaux jours, où le bleu foncé du ciel étend la majesté de son dais par-dessus ce magnifique tableau?

Avec quelle satisfaction son oeil se promène dans la molle ondulation des côteaux lointains et des moissons jaunissantes! Comme il admire ces plaines fécondes que coupent par intervalles de longues avenues, des bouquets d'arbres, de petits bois, et des hameaux pittoresques!

Glorieux du pays qu'il découvre, le jeune époux s'empresse d'en faire remarquer toutes les merveilles à sa jeune compagne qui s'appuie languissamment sur son épaule. On diroit de deux aimables enfans qui regardent avec un tranquille plaisir, dans la Bible, l'image de la terre promise.

Tandis que la haute bourgeoisie, qui remplace la haute Noblesse, vole en cabriolets à deux coursiers, vers les nouveaux jardins d'Armide, pour bailler sous des saules pleureurs chargés de lampions septi-colors, ou contempler, la lorgnette en main, quelques moutons errans sur des collines de six pieds de haut, la classe ouvrière, dédaignant ces fastueuses puérilités, continue d'aller admirer en liberté la Nature aux Prés St. - Gervais.

Elle ne cherche point dans ces rians vergers, les restaurateurs qui servent les potages à la Condé, mais de simples laitières, de modestes guinguettes dont les violons animent au loin, le chant des oiseaux; elle n'y voit que de joyeux convives qui, assis à l'ombre des pommiers, font, parmi les papillons et les fleurs, un champêtre repas.

Dans ce joli séjour, tout est vrai, tout est fraîcheur, tout est vie, tout est beauté ravissante. Pour concert, on a le ramage des rossignols, et la voix de mille amans; pour ombrage, des allées de cerisiers; pour parterres, des carrés de fraises parfumées; pour cascades, des ruisseaux qui roulent à petit bruit sur un lit de cailloux, leur onde limpide.

Et quand l'automne montre sa tête chargée de fruits, quand la vigne laisse pendre ses grappes empourprées du haut des ormes qu'elle embrasse de ses rameaux, l'on y retourne encore pour jouir de ces dons, les uns pour toucher à la pomme défendue, les autres pour ravir de plus douces faveurs.

Ah! que dans ces lieux enchantés la fin d'un beau jour a de charmes! Et que le commencement du crépuscule y inspire de tendres desirs!

Souvent *), à cet instant fortuné,

---

*) J'ai été témoin de cette jolie avanture.

une nouvelle Daphnée s'échappe d'un bocage, et fuit un autre Apollon. L'amant, l'oeil enflammé, poursuit avec l'aîle du desir, l'objet de son amour. Qu'il est heureux! Il l'atteint: elle ne se change point en lauriers dans ses bras vainqueurs!

C'est dans ce labyrinthe de félicité, qu'en espérant une paix glorieuse qui assure au monde la liberté des mers, les citoyens de Paris vont se délasser de leurs travaux.

Ah! quel philosophe peut les regarder sans un sentiment de plaisir, redescendre à longs flots, sur le soir d'un beau jour, la montagne de Belleville, à travers l'illumination des guinguettes, l'odeur des cuisines, et les cris d'allégresse des danseurs qui dansent le pas de charge?

Chapitre CCLVI.

Tableaux Italiens.

Tandis qu'il n'y a plus de gens à soutane, ni à froc ou capuce, ni à étole, ni à chasuble, et qu'on riroit du vêtement d'un évêque ou de celui d'un cardinal, on ne voit dans les galeries de peintures que des moines de toutes couleurs, des diacres, des prêtres en fonctions, et tout à côté, comme de raison, des bourreaux et des supplices. Il y a eu anciennement un régime de terreur; et le pinceau des grands maîtres a immortalisé ces fureurs sacerdotales. De quelque côté que je porte la vue, je vois du sang dans ces tableaux renommés; les a-t-on fait venir de si loin, les a - t - on exposés avec tant d'affectation pour justifier nos propres excès? A côté de tant d'images sanglantes, que d'idées impertinentes, quelle mythologie usée! quel choix ridicule! quelle pauvreté, dans toutes ces conceptions dites religieuses! La sainte Cécile de Raphaël, avec tous ses violons à ses pieds et son livre de musique ouvert, ne chantera jamais. Le lion du St. Jérôme ne fera entendre aucuns rugissemens; le bras toujours levé de ce bourreau heureusement né descendra point sur le col de ce pauvre girondin, je voulois dire martyr.

Des chevalets, des bûchers, des croix, des têtes coupées en pique, en sac et en plat, ces épouvantables images me rappellent les jours affreux de Robespierre nouveau Domitien. Est-ce pour accoutumer les yeux et les esprits aux échafauds et aux tyrans, qu'on a accumulé toutes ces peintures? qu'elles sont hideuses et dégoûtantes! cachez-les, à moins que vous ne les offriez comme un exemple de l'égarement de l'esprit humain; mais du moins, ne baptisez point du nom de chefs-d'œuvres des ouvrages qui n'ont pas su s'expliquer eux-mêmes, ni dire dans quelles intentions ils ont été composés. Les plus belles têtes, les plus énergiques sont toujours celles des bourreaux. Pauvre jeune homme, qui viens dessiner ces traits hideux, tu les admireras peut-être, et tu appeleras cela de la force; tu prendras bientôt le meurtre de la grandeur, et tu deviendras féroce comme ton maître D****, admirateur et peintre de Marat et de ses pareils.

Nous contemplons en extase toutes ces dangereuses peintures qui propagent des idées superstitieuses; nous nous y attachons tout entiers; nous suivons les gestes animés de figures sans vie; nous trouvons du mouvement à des images immobiles; nous attendons que la parole sorte de leurs bouches entrouvertes : leurs têtes nous semblent vivantes, et toutefois demeurent fixes dans la même position. Nous restons enfin suspendus, la bouche béante, devant tous ces dessins qui ne varient point ; et cependant un simple villageois qui vient à passer auprès de ces tableaux, il est sous mes yeux, ne leur accorde qu'un coup-d'oeil. J'ai deviné son bon sens, je l'aborde, je lui parle, tout ceci n'est pour lui que des images mensongères.

Il s'arrête plus long-tems et plus sérieusement devant le spectacle de la nature ; il n'a pas oublié qu'au-dessus de sa tête, le soleil, lampe éternelle du monde, brille d'un incomparable éclat, éclaire les œuvres du Dieu qui la suspendu à la voûte immense du ciel ; il écoute avec délices le murmure d'un ruisseau qui s'épanche de sa source et promène son onde limpide à travers une prairie ; il respire avec joie le baume des fleurs que le zéphir balance sur leur tige ; une rose champêtre, sur un buisson épineux, n'est point pour lui une toile où, en voyant la fleur, l'odeur du vernis transpire l'odore vivante, il la cueille et court la placer sur le sein de son accordée; il ne se passionne, lui, que pour des objets sensibles; s'il voit une danse de bergères sous l'ormeau, il y vole, il choisit la beauté qui lui plaît, il joint sa main à la sienne; il n'a pas besoin, pour connoître le plaisir de la danse, de consulter ou Wateau ou Teniers. Il sourit de pitié, quand on lui dit que tel riche a payé quarante mille francs une toile peinte de quatre pieds de long. J'aime mieux, répondit-il, une terre qui rapporte et des arbres qui produisent, qu'un paysage en peinture.

Plus on vit à la campagne ou devant un vaste horizon, plus l'on sent que ce n'est point avec des objets terrestres, qu'on doit représenter les choses terrestres. La parole animée, le stile, voilà ce qui reproduit la nature; tous les autres moyens sont foibles, impuissans, bornés, et traînent l'admirateur aux pieds de l'imagiste, et l'imagiste, avec son cadre plus ou moins étroit, tue le tableau de la nature. Ce n'est que dans la parole, dans l'écriture, que réside au souverain degré, l'imitation des choses. Loin de moi les images matérielles pour exprimer les objets matériels! il ne faut que des idées intellectuelles pour les reproduire, car la reproduction des objets, l'imitation parfaite, sont en nous, et non hors de nous: n'allez pas les chercher ailleurs. Fermez les yeux, c'est alors que vous habiterez un édifice intellectuel tapissé de tableaux magnifiques, et tels que le Muséum n'en offre point. La parole! elle est tout, et les autres arts ne sont rien en comparaison. La parole! écoutez la harangue du sauvage, lisez les belles pages de Buffon, et encadrez les fables de Lafontaine.

Il est digne d'un homme sensé de ne se point laisser subjuguer par la passion des tableaux. Pourquoi mettre l'image hors de nous, froide, mesquine, inanimée, tandis que nous pouvons la posséder en nous, vivante, et toujours en harmonie avec la nature entière?

C'est dans l'enceinte des villes, de ces grandes prisons, qu'a commencé ce goût imposteur qui fait regarder un paysage sur un mur, au lieu d'aller visiter la forêt voisine. Je n'ai rencontré en Suisse qu'un seul amateur de tableaux, il étoit vieux et casanier; c'est qu'en présence des Alpes, les copies de la nature y seroient tout aussi déplacées que les marines de Vernet dans des ports de mer; et le pinceau pourra-t-il jamais soulever les mers comme ce vers de Virgile?

Luctantes ventos, tempestatesque sonoras!

La vie de trente Raphaël ne suffiroit pas à traduire le second livre de l'Eneïde: et qu'est-ce que l'Albanne, auprès des gémissemens et des soupirs du tendre Tybulle?

Quand notre vue a été familiarisée quelque tems avec une foule d'objets mouvans dont le cadre est immense, c'est à-dire, lorsque l'on a voyagé quelques mois, et sur-tout en poste, il est impossible de regarder un ciel de peintre, autrement que comme une imitation grotesque; et néanmoins ces frivolités jettent les nations et certains hommes dans des dépenses incalculables.

Chapitre CCLVII.

Affiches en 1796.

On ne peut faire un pas sans que l'oeil se repose sur quelqu'annonce impudente portant qu'un tel prête, sur de bons nantissemens, à un prix raisonnable; et ce prix raisonnable est de 6, de 8 pour cent par mois.

Comment dompter l'exécrable cupidité des usuriers qui affichent sur toutes les murailles le cachet de leur friponnerie? Ce qui fait gémir le politique et le moraliste, c'est que cette usure marche tête levée, et que les spéculateurs, si on les laisse marcher encore quelque tems, engloutiront toutes les dépouilles des rentiers, des commis et des fonctionnaires publics honnêtes. Cependant Paris conserve une physionomie de tranquillité qui tient du prodige. Les agioteurs d'aujourd'hui ne le cèdent en rien au train des ci-devant hommes de la Cour; ils les surpassent même en folie. On diroit que pour eux seuls sont créés les plaisirs et les richesses.

Jamais il n'y eut autant de spectacles, de concerts, de danses, de repas, de traiteurs, de limonadiers, de jardins publics, de feux d'artifice, de lycées, de journaux et de marchands de vin. C'est une sorte de phénomène, que cette variété d'amusemens, au milieu de la guerre la plus meurtrière, à la suite d'une révolution qui n'eût dû faire naître que les idées les plus mélancoliques; que cet appareil d'opulence qu'étalent les particuliers, au milieu de la détresse du gouvernement; que cet esprit d'insouciance, de dissipation et de prodigalité qui s'est emparé de toutes les classes; que cette soif du gain et ce défaut d'économie; cette avidité de corsaire qu'on met en usage pour obtenir des richesses, et cette sorte d'extravagance avec laquelle on les dissipe. Un jour crée des fortunes, le lendemain on les voit détruire. Tel, sorti de son galetas, a logé quelques mois dans le superbe palais, est contraint de regagner son premier gîte.

Chaque soir le bruit d'un violon discordant appelle dans la taverne convertie en salle de bal, l'artisan, le soldat, la grisette, le porteur d'eau, tandis que des sallons qu'on croiroit créés par la baguette des fées, se remplissent de nouveaux enrichis.

Dans la première de ces deux cohues, on conserve le ton, le langage comme le costume de la sans-culotterie, dans toute sa pureté. Dans les autres au contraire, on écarte avec soin tout ce qui rappelle la forme républicaine : on s'efforce de singer l'ancienne cour, l'ancienne bonne compagnie ; et on les imite à peu près aussi heureusement que Jodelet et Mascarille imitent leurs maîtres dont ils ont volé les habits.

Les spectacles ont été très-suivis cet hyver. Mais ce n'est point comme au bal : chaque rang n'a point son théâtre ; toutes les classes se confondent chez Nicolet, comme à l'Opéra. Le peuple, qui n'alloit autrefois que là, se pique aujourd'hui de venir ici. Qu'on ne croie point cependant qu'il ait gagné du côté de l'instruction, et que des goûts qui paroissent plus délicats, supposent d'autres mœurs ; mais la cherté de la main-d'œuvre, fruit du régime révolutionnaire, a répandu dans les dernières classes, une aisance inconnue jusqu'alors, qui permet à l'artisan de satisfaire ses anciens penchans pour la débauche, et l'espèce d'instinct qui l'entraîne vers des jouissances dont il ne se faisoit autrefois aucune idée.

Chapitre CCLVIII.

Médecine.

La médecine est la partie la plus intéressante de notre physique; mais, quoique la plus cultivée, elle est la moins avancée, la moins développée; elle est ce qu'étoient au commencement de ce siècle les autres branches de la physique. Jetez les yeux sur les traits de médecine les plus estimés, vous y trouverez, au lieu d'une théorie simple et lumineuse, des hypothèses mensongères; au lieu de principes évidens, certains, les systêmes absurdes des mécaniciens, des animalistes, des vitalistes, des prétendus chymistes, des irritalistes; au lieu d'une pratique raisonnée, fondée sur des principes incontestables, une routine aveugle et dangereuse. S'écarteroit-on de la vérité, si l'on disoit de la médecine, sur-tout de la médecine moderne, ce qu'Héraclius disoit de l'art : *Son nom est la vie, et son ouvrage est la mort ?*

L'anatomie a fait des progrès considérables; c'est presque la seule partie de la médecine où l'on ait fait des découvertes utiles. La plus précieuse est celle de l'immortel Harvée; et encore, qu'en est-il résulté? le système ridicule que la source de toutes les maladies est dans le sang; l'abus de la saignée, abus mille fois plus funeste au genre-humain, que l'usage de la poudre à canon.

On doit regarder la vraie physiologie comme la principale base d'une saine pratique; mais cette partie importante de l'art de guérir n'existe pas encore pour nous, puisqu'on ne voit dans les nombreux volumes que nous avons sur cette matière, aucune explication solide des fonctions

animales, des rapports des parties tant solides que fluides du corps humain etc.

La nosologie la plus estimée est - elle
autre chose qu'une nomenclature fasti-
dieuse, infiniment plus propre à égarer la
médecine qu'à l'éclairer dans la pratique?

Un des coryphées de la médecine a
prétendu établir seize cents espèces de
fièvre. Tous les nosologistes, sans en ex-
cepter un seul, ont un très-grand nombre
de symptômes pour des maladies. Cette
méprise jette nécessairement le praticien
dans des erreurs souvent dangereuses,
quelquefois funestes.

On n'a fait que balbutier jusqu'à présent sur la pathologie; elle n'est qu'erreur,
obscurité, incertitude. La matière médicale est l'opprobre des médecins. C'est-là
que l'ignorance la plus grossière paroît
dans tout son jour; il n'est point de systême extravagant qu'on n'ait imaginé sur
l'action des médicamens. Les uns leur
ont attribué les propriétés mécaniques du
coin, d'un tranchant, d'une pointe, d'une

tarière etc.: les autres les ont fait agir par une espèce de magie, sur les différentes parties du corps; de-là les remèdes céphaliques, cordiaux, pectoraux, hépatiques etc. etc. Les Cadix, les Pharmocapées nous fourniroient mille nouvelles preuves que la matière médicale est encore dans son berceau. Ouvrons un de ces répertoires hiéroglyphiques, nous y verrons que la trop fameuse thériaque est composée de 65 drogues, et encore y en a-t-il trois composées; qu'il en entre vingt-quatre dans le baume tranquille, et seize de minsicht. Dieu seul peut prévoir l'effet que produisent des remèdes composés d'un si grand nombre de drogues, de drogues si différentes les unes des autres, et dont quelques-unes sont si peu faites pour entrer dans la même composition. Mais le comble de l'ineptie, c'est d'annoncer des *cours de matière médicale chymique*, comme si la vraie matière médicale pouvoit être traitée d'après d'autres principes et par d'autres procédés que ceux de la chymie. Si l'on desiroit encore une preuve frappante de la profonde ignorance des médecins sur cette partie importante de l'art de guérir, nous la trouverions dans la matière médicale d'un des plus célèbres médecins de ce siècle; on voit dans une formule, en toutes lettres, le sel de *duobus*, et le *tartre vitriolé*. Il n'y a pas d'apprentif apothicaire qui ne sache que le sel de duobus et le tartre vitriolé sont un seul et même sel.

La médecine préservative est celle qui a le moins occupé les médecins; elle suppose des connoissances qu'on n'acquiert certainement pas dans les écoles, et qu'on chercheroit vainement dans les livres: d'ailleurs, en approfondissant cette importante partie de la médecine, les ministres de la santé n'auroient-ils pas craint de nuire à leur intérêt personnel?

La théapratique paroît avoir fixé toute leur attention. Ils n'en ont pourtant que les idées les plus erronées. Que doit-on attendre d'une pratique qui n'est pas éclai-

rée par le flambeau d'une théorie raisonnée, qui n'a pas pour base des principes
incontestables ? Aussi ne sont-ils pas
plus heureux dans la cure des maladies ai-
gues, que dans celle des maladies chroniques. Il seroit facile de prouver qu'à
l'égard des premières, la pratique du divin
Hyppocrate et de ses vrais sectateurs a été
plus brillante que celle de nos médecins
modernes : ne seroit-ce pas parce que ces
anciens maîtres ne pensoient pas que le
siége de toutes ces maladies fût dans le
sang, et qu'ils croyoient ne pas devoir
prodiguer cette précieuse liqueur ? Les
maladies chroniques sont la croix de nos
médecins : ils n'en guérissent presque pas
une, et ils ont quelquefois la douleur de
voir des charlatans opérer ce qu'ils ont
cru et déclaré impossible. S'ils triomphent
de quelques maladies, c'est par un pur
hazard, et cela doit être, puisqu'ils en ont
les plus fausses idées, et conséquemment
de leur traitement. Pour s'en convaincre,
il ne faut que les entendre discourir sur

l'inflammation, sur la fièvre, sur l'apo-
plexie, sur l'hydropisie, sur la fièvre maligne, sur les vapeurs, sur toutes les maladies, et les leur voir traiter etc. Pour
bien juger de l'ignorance profonde des
médecins, il suffiroit de les observer auprès des malades. Ils seroient presque
toujours réduits au silence, s'ils n'avoient
imaginé le subterfuge commode, que les
agitations, les douleurs, sont des mouvemens nerveux. Quand un docteur a ré-
pondu, c'est *nerveux*, il croit avoir donné
la solution la plus lumineuse.

Le malheur des médecins est d'avoir
envisagé la médecine comme une science
particulière, de ne l'avoir pas regardée
comme la partie la plus importante de la
physique, de la chymie; ces deux sciences
aujourd'hui n'en font qu'une; de s'être trop
long-tems livrés à l'esprit de système; de
ne s'être arrêtés qu'à ce qui tombe sous
les sens; d'avoir tiré de fausses consé-
quences de la découverte de la circulation
du sang; de s'être copiés les uns les autres;

d'avoir pris une routine aveugle pour une pratique raisonnée: c'est malheureusement notre médecine trait pour trait; est-elle autre chose que le plus dangereux empyrisme? Ne pourroit-on pas appliquer aux médecins, ce que Cicéron disoit des augures, *qu'ils ne peuvent se rencontrer sans rire?* Ne désespérons pas cependant de la médecine; il est vraisemblable que nous touchons au moment de lui voir faire les plus rapides progrès. Depuis quelques années, les sciences physiques, principalement la vraie physique, la chymie en ont fait de trop considérables, pour que la médecine ne sorte pas de son inertie, pour que les gros bonnets ne soient pas forcés à renoncer à la dégoûtante ancienne *cuisine.* Déjà les hydropiques ne sont plus condamnés à être dévorés par la soif. Ce succès sera très-probablement suivi d'un grand nombre d'autres.

Chapitre CCLIX.

Bonaparte à la séance publique de l'Institut national, le 15 Nivôse an VI.

Oh! qu'elle étoit intéressante, cette assemblée d'hommes connus et distingués, de savans en différens genres, au milieu desquels siégea Bonaparte! elle resplendissoit ce jour-là de toute la gloire du héros: en vain essaya-t-il de tromper les regards des spectateurs, sous l'habit du plus simple particulier! c'étoit lui seul qu'ils cherchoient, et c'étoit la joie de le posséder que l'on trouvoit dans les yeux même des hommes illustres qui étoient en sa présence.

Quel calme régnoit dans les traits du conquérant de l'Italie! on craignoit, pour ainsi dire, d'interrompre sa méditation et le repos de son ame. Ce n'étoient plus les sons éclatans de la trompette qui annonce le signal du combat; une muse en pleurs, jetant des fleurs sur la tombe du pacificateur de la Vendée, moissonné au printems de la vie, parloit à l'Achille français de son digne et valeureux ami : voilà le sort des guerriers, la mort et la gloire ! et comme ils offrent à la patrie les sacrifices les plus étendus, leur renommée est la plus grande et la plus belle !

De beaux vers, bien récités, firent à peu près dans les ames la même impression que le bruit du canon, dans les batailles, opère sur les guerriers : tous les esprits s'enflammèrent, et tout le monde se leva à celui-ci.

L'Angleterre pâlit au seul nom l'Italique !

On applaudit encore à cet autre vers où, en parlant de nos *jeunes héros, vieux dans l'art des combats*, le poëte s'est écrié dans un accent prophétique :

Ils franchirent les monts, ils franchiront les
mers !

Parmi les portraits gravés de Bonaparte, un seul, celui de *Hinselin*, a retenu les traits du héros. Je vais prendre aussi mon burin, ou plutôt (car je dois être modeste en parlant de Bonaparte) mon crayon.

Bonaparte est d'une taille moyenne, un peu voûté, mince, d'une corpulence un peu délicate, mais cependant nerveuse, les cheveux châtains foncés, rabattus sur un front large, les yeux grands, bruns, vifs et saillans, le nez aquilin, le menton relevé comme celui de l'Apollon du Belvédère, le teint pâle, les joues enfoncées, la voix libre et posée ; il écoute attentivement ceux qui lui parlent, répond brièvement ; son air est grave mais ouvert ; il n'a point l'austérité qui caractérise la tête de Brutus : on juge à son abord que c'est un homme tempérant, méditatif, mais tenace dans le but qu'il se propose, que ce teint pâle s'enflamme dans une action décisive ;

que ce corps est tout nerfs comme celui du lion, qu'il se bat de même; qu'il est infatigable, et vole comme la foudre au-devant de l'ennemi qu'il n'a jamais su craindre; ce feu est concentré, il le réserve pour les grandes et fortes explosions; et ce feu n'imprime à aucun de ses mouvemens cette inquiétude naturelle aux hommes qui ne sont que vifs et qui ne savent point se posséder.

Sérieux comme Caton, les Français vont apprendre de lui à être graves, à respecter leurs magistrats, leurs représentans, à mépriser les airs évaporés, les calembourgs qui ne conviennent que dans la bouche des farceurs et des remueurs de polichinelles.

Que tous les républicains se modèlent sur Bonaparte; et puisqu'ils estiment en lui le sage et le guerrier, qu'ils imitent sa contenance et sa réserve; qu'ils prennent de sa gravité ce qu'elle a de simple et ce qu'elle comporte de dignité. Moins de paroles annoncera plus de réflexion, et le

VI. O

calme de la physionomie plus de grandeur et de raison. Le sacrilége équivoque qui déshonore plusieurs de nos sociétés et de nos théâtres, ne dénaturera plus le stile de la grande nation ; elle saura parler comme elle a su vaincre, sans efforts violens et sans exagérations ; elle sera l'exemple de la sagesse après l'avoir été de la victoire ; et un bon mot créé ou répété par un folliculaire, ne ridiculisera plus chez nous la sainte expression des lois.

Chapitre CCLX.

Mes derniers vers.

Il va finir pour moi, le songe de la vie;
Il va finir bientôt. Qu'aurai-je à regret-
    ter?
La haîne des méchans! les clameurs de
    l'envie!
    Les poisons de la calomnie
    Que rien ne sauroit arrêter!
Les chagrins dont toujours l'innocence
    est suivie!
    Ou de la fortune ennemie
    Les mouvemens capricieux!
    Ou les pamphlets séditieux
    D'un héros de l'Académie!

Car, en deux mots, voilà le tableau de
la vie.

Mes jours furent un point; mais ce
point, mes amis,
Aisément vous pouvez m'en croire,
Présente à mes yeux, de l'histoire
Les grands événemens.   Que de crimes
commis,
Que de mâles vertus ont étonné la France!
J'ai vu sous le fer des tyrans
Tomber la paisible innocence.

J'ai vu le peuple honorer des brigands;
Et lorsque sous son nom ils contentoient
leur rage,
Décorer leur fureur du beau nom de
courage.

J'ai vu de prétendus savans
Qui changent aujourd'hui de masque, de
langage,
A ces monstres de sang accorder leur
suffrage:
Auprès de celui de Rousseau,
De Marat j'ai vu le tombeau.

Quoi! près d'un écrivain que tout le
monde honore,
Français, vous osiez mettre un monstre
qu'on abhorre!
Quels cruels souvenirs! Ah! dans ces
jours affreux,
Dont le récit, d'effroi glacera nos neveux,
Dans ces jours de douleurs présens à ma
mémoire,
Je le répète, amis, j'ai vu toute l'histoire,
Il est tems de dormir dans la nuit des
tombeaux;
C'est-là, de mon pays qu'oubliant les
bourreaux,
Je trouverai le calme...... Ah! pauvre
espèce humaine,
Dois-tu toujours ramper sous le poids de
ta chaîne?
Mais vous, vous, risibles géans,
Dont les cris insultans par-tout se font
entendre,
Vous qui vous plaisez à répandre
Aujourd'hui des discours plus vides que
méchans,

Quand le bourreau levoit d'une main triomphante,
Et montroit à vos yeux une tête sanglante ;
Quand par - tout la terreur dressoit des échafauds ;
Quand des représentans qu'aujourd'hui l'on outrage,
Pour prix de leur bravoure obtenoient l'esclavage,
Vos farouches tyrans n'avoient point de défauts ;
Vous laissiez *Condorcet* périr dans les cachots.
Ils pouvoient assouvir aisément leur vengeance :
Vil peuple de muets, vous gardiez le silence !
Pillage, assassinats, complots audacieux,
Tout étoit bon alors : et quand notre courage
Des monstres a détruit l'épouvantable ouvrage,
Confondant sans pudeur personnes, tems et lieux,

Alors votre absurde arrogance
Insulte également au crime, à l'innocence.
Ah! si vous fûtes malheureux,
L'étions-nous moins que vous, écrivains
insensés?

. . . .

Ainsi quand au bruit du tonnerre,
Lisbonne s'écroula sous ses murs renver-
sés,
Quand des feux souterrains lui déclarant
la guerre,
Engloutissoient sans choix hommes,
femmes, enfans,
Cette secousse de la terre
Auroit dû ménager ses plus vils habitans!
Un sot par une puce eut l'épaule mordue,
Un sot ou bien un jetonnier,
C'est parbleu même chose..... „Eh! vîte,
„la massue,
„S'écrie au même instant notre preux
„chevalier,
„Ah! vous m'avez mordu!..... par-tout
„je vais le dire....
„Je ferai mieux, je vais l'écrire;

„Tout le Parnasse le saura;

„Pégase, s'il le faut, même s'en mêlera.

„Les muses de leurs cris réveilleront la

„France;

„L'un des quarante......ô Dieux!.....

„éprouver la souffrance

„Dans mon vieux corps! Je sens s'allu-

„mer la vengeance:

„Vîte, la plume au vent.‟ Soudain de

son cerveau

S'élance un ouvrage nouveau.

Oh! „qu'il est bien tourné, qu'il est

„neuf, qu'il est beau!

„A la fin nous verrons si dans ma rhéto-

„rique,

„Que je me pique

„De bien savoir,

„Dans un discours que seul il m'est per-

„mis d'entendre,

„Tant il est beau, messieurs, je ne saurai

„pas rendre,

„Excepté moi, chacun de vous bien

noir.‟

Voilà ce que pensoit un rimailleur antique,

Qui ne sut point souffrir et qui se dit
chrétien,
Qui croit de la scène tragique
Etre le père ou le soutien,
Pour avoir fait à la soeur de Thalie
Quelques enfans morts - nés que déjà l'on
oublie,
Et qui, pour se masquer, se dit *homme
de bien.*
Mais qu'il déclame hélas! dans sa vaine
furie,
Qu'il regrette des rois la triple dynastie;
Pourquoi nous occuper de ce petit vaurien,
De ce rhéteur, dont la froide manie
Est de joindre à la calomnie,
Du royalisme audacieux
Les propos vains, les cris séditieux?
Croyez-moi, le moins chaud à servir sa
patrie,
Celui qui le plus souvent crie,
Et qui, pour nous troubler, n'oublia ja-
mais rien,
Ce fut toujours, l'Académicien *).

---

*) Laharpe.

Chapitre CCLXI.

Cloches.

Les cloches n'ont jamais fait tant de bruit que depuis qu'on les a fait taire. Que sera-ce, quand elles feront retentir les airs pour les morts, les nouveaux nés, j'allois dire, et pour les mariages? mais je me rappelle qu'on ne sonnoit pas la messe des épousailles; c'étoit la plus triste, on n'y chantoit même pas.

Les défenseurs de la religion de nos pères ont prétendu que les cloches étoient une partie essentielle du culte. Ils se trompent; il y avoit très-long-tems qu'on chantoit matines, qu'on changeoit le pain et le vin en Dieu, avant qu'on eût eu la commode invention d'appeler à grand bruit les fidèles à l'église. On emploie aussi très - souvent les cloches à des usages profânes. Dans quelques villes de province, on sonnoit à dix heures du soir, pour avertir les ivrognes de sortir des cabarets. Au bout d'un quart - d'heure, tout ami de Bacchus qui seroit resté dans la taverne, étoit balayé par la patrouille.

Les cloches n'ont plus de langue, ce qui arrange fort les malades, les convalescens et les femmes en couches; on n'entend plus qu'une sonnette qui avertit les servantes de balayer et d'arroser le devant des maisons. Dans ces jours de faction, on auroit pu faire de chaque cloche un tocsin: il n'y en a plus qu'un; et il est confié à la garde du Conseil des anciens. On a fait fondre toutes les grosses cloches, mais les bourdons de Notre-Dame sont toujours en l'air. Quant au carillon de la Samaritaine, il nous réjouit quelquefois de ses sons, mais

rarement; on l'entend lors des fêtes publiques. Autrefois il chantoit sur le
passage du roi, de la reine et du dau-
phin. Il chante de toute aussi bonne
grace pour l'anniversaire du 10 Août; en
cela semblable à de certaines langues qui
ne sont point de métal.

Chapitre CCLXII.

Prêtres catholiques.

Ils parleront toujours avec affectation du catholicisme comme de la religion par excellence; ils inviteront tout le monde par des avis imprimés sur les murs du temple, à venir entendre telle apologie de la religion qu'ils doivent prononcer à un jour indiqué contre les novateurs. Ces novateurs sont les Théophilanthropes qui ont la religion d'Enoch, d'Elie et d'Abraham.

Des hommages purs et d'une simplicité touchante rendus à l'Etre-suprême rémunérateur des vertus et vengeur des crimes; des cantiques de reconnoissance où l'on célèbre une providence active qui veille au bonheur des hommes; un cours de morale pratique dépouillé de l'aridité des préceptes; l'homme mis sans cesse en présence d'un juge céleste, de sa propre conscience; les devoirs du citoyen, de l'homme public exposés avec précision; l'instruction mêlée d'une musique mâle qui élève le coeur des assistans vers le ciel, et repose l'esprit de l'attention qu'il a donnée aux enseignemens du ministre, voilà ce que le prêtre catholique appelle une innovation impie.

A la probabilité de la rapide propagation du culte des Théophilanthropes, se joint ce besoin de revenir aux idées religieuses, d'écarter ce qu'il y a de mystérieux, d'inintelligible dans les dogmes, afin de conserver dans toute leur pureté ces principes, ces institutions morales qui n'ont point de limites en ce qu'elles embrassent tout ce qui peut extirper les vices, prévenir les crimes, encourager la vertu.

Chapitre CCLXIII.

Ribić, Directeur.

Successeur de Nicolet, et qui, sur ses tréteaux donne toutes ces pantomimes où figurent les moines qu'on ne voit plus en France, les nones ensanglantées, les pénitens noirs, tous les frocs, tous les cordons et les sandales de l'antique moinaille: il est homme à nous mettre sur son théâtre toutes les farces religieuses; et j'ai entendu dire qu'on y alloit bientôt jouer la messe. Les avis sont déjà partagés et les paris ouverts; on va même jusqu'à dire que tel gros vicaire qui demande l'aumône, représentera comme ci-devant le rôle à merveille, qu'il sucera le calice avec une délectation qui sera saisie de tous les spectateurs, d'autant qu'il y a long-tems qu'il n'a goûté de vin. On se disputera le rôle de célébrant, vu que les burettes seront très-larges, et qu'il y aura un épais gâteau pour hostie. La ressemblance, dit-on, sera effrayante, et telle que les dévotes croiront plutôt voir Satan, que de croire à l'identité. Tout à côté de la petite messe, on dira la grande : celle-ci aura un calice qui tiendra deux pintes ; l'autre n'aura qu'un coquetier.

Les frais de cette pantomime ne seront pas coûteux ; il y a des chasubles, des châpes, des surplis, des étoles, des dalmatiques et des soutanes à vendre de tous côtés : on s'en faisoit des robes de chambre ; autant les conserver en leur entier pour amuser les Théophilanthropes, et faire rire les protestans.

Cet entrepreneur, doué d'une *imagi-native qui ne le cède en vigueur à per-sonne qui vive*, a été d'abord marchand de pierres à détacher, puis batteur de caisse sur les tréteaux de spectacle; co-médien, directeur de théâtre à Rouen, et comme l'on parvient dans ce siècle, enfin, directeur de tous les gestes muets qui semblent nous annoncer la résurrec-tion de ce genre si cher aux Romains et pour lequel ils se divisèrent en factions.

Aujourd'hui, on rencontre le direc-teur Ribié (et il n'a pas d'autre titre sur tous les Boulevards) on le rencontre, dis-je, menant toujours les chevaux les plus fins, précédé ou suivi d'un écuyer vêtu à la *Franconi;* et le modèle d'une voiture élégante est celui qui traîne le directeur de l'un à l'autre spectacle, car il en dirige deux; il dirige deux répu-bliques.

Ainsi, j'ai vu Poultier moine, joueur de gobelets, Stentor de spectacles forains, acteur chez le grimacier, même auteur, puis représentant du peuple, et pour couronner tant de gloire, journaliste, et l'ami des lois! mais le directeur Ribié a plus de renommée que lui.

Chapitre CCLXIV.

Sept Octobre 1795.

Pour qui n'observe que les apparences, pour qui ne voit que des surfaces à Paris, tout y est tranquille, tout paroît rentré dans l'ordre. Chacun ne songe qu'à ses affaires; les affaires publiques, on n'en parle plus.

Le bonheur qu'on nous promet, et les lumières qu'on nous annonce, sont encore et seront long-tems renfermés dans les gros livres philosophiques que le peuple ne lira jamais, et que le philosophe lit sans y croire.

Au lieu de ces gros livres, ouvrez le coeur humain, pénétrez au sein des

familles qui n'ont partagé ni les extravagances des sections souveraines, ni les
horribles profits de l'agiotage: voyez-les
dévorer des larmes amères; voyez-les attendre, avec l'impatience de la douleur,
le médecin qui doit panser leurs plaies.
Elles ne se dissimulent pas que la victoire du 13 Vendémiaire, toute nécessaire
qu'elle étoit, fut une calamité nationale.

Voyez encore cette mère, au milieu
de cinq enfans, assaisonnant un litron
de haricots de 25 livres, avec un quarte-
ron de beurre de dix livres, et un quart
de charbon de trois livres.

Ce plat unique de haricots, ce plat
qui lui coûte 33 francs, ce plat que déjà
ses enfans dévorent des yeux, fera tout
son dîner et celui de ses enfans. Son
mari ne gagne que quarante francs par
jour.

Il faut payer avec les quarante sols
qui lui restent, le déjeûner de ses enfans, car pour elle, elle ne déjeûne plus;
le souper de ses enfans, car elle ne soupe

plus. Il faut payer encore le loyer de sa maison, le blanchissage; un écu par chemise; des souliers à 200 livres, du bois à 1000 livres, de la chandelle à 45 livres.

Croyez-vous que cette femme soit heureuse et tranquille? Je sais parfaitement que la Convention s'occupe de diminuer ses maux, qui ne sont point son ouvrage. Je sais qu'elle est encombrée d'affaires, trahie ou mal servie. Mais le mal est-là; il pèse tous les jours, toutes les minutes sur le coeur de cette infortunée...... L'espérance! ah oui! l'espérance, elle en a besoin; c'est le baume réparateur de tous les maux, c'est la dernière consolation que la bienfaisante nature nous réserve dans les angoisses de la vie. Mais toujours l'espérance!...... Sortons, quittons cette scène de douleur, et voyons ce qui se passe dans les lieux publics. Quel changement, et dans les décorations et dans les acteurs! Les cabarets sont remplis de buveurs; on diroit que le vin ne vaut que six sols, et il vaut quinze francs!

Les Cafés retentissent de chants gais, ou de dissertations patriotiques, et le café vaut dix francs la tasse!

Les spectacles sont brillans de foule et de parure. Les traiteurs! ah! je n'ose approcher de ces tables irritantes où le moindre plat est estimé la valeur de cinquante dîners.

Et les nouvelles politiques! les uns n'y prennent part qu'autant qu'elles leur fournissent l'occasion de hausser leurs denrées; les autres attendent l'événement.

Chapitre CCLXV.

Cuiller à soupe.

On avoit volé à une femme dont la fortune sembloit annoncer quelqu'éducation et quelques lumières, on lui avoit volé, dis-je, une cuiller à soupe d'argent. Concentrée dans le chagrin de cette perte, dont il ne falloit pas beaucoup de philosophie pour se consoler, elle disoit naïvement, en parlant de la Convention nationale : Mais que font ces députés ? voyez s'ils me feront rendre ma cuiller à soupe.

Combien d'autres, sans employer la franchise stupide de ce langage, ne sont pourtant occupés que de se faire rendre leur *cuiller à soupe ;* en font le point central de toutes leurs idées, de toutes leurs réflexions, de tous leurs discours! Ne disent-ils pas en d'autres termes: Législateurs, n'écoutez que mes prétentions, mes espérances; rendez-moi mon cordon bleu, mon abbaye, mes armoiries, mes dîmes, ma châsse, ma livrée. La révolution m'a ruiné, m'a ôté ma place, s'écrie l'un; et cette place étoit celle d'un valet de garde-robe. Il faut le tonnerre du ciel pour punir tous les révolutionnaires.

Combien d'intérêts personnels se sont-ils manifestés avec cette impudeur! Leur énumération n'auroit point de bornes. Toutes ces plaintes, les unes sont exagérées, les autres sont ridicules: mais l'on diroit, à entendre certains propos, que le gouvernement n'est établi que pour donner des places de fainéans à toutes les ambitions particulières. C'est à qui jalousera son voisin; les pourvus, les aspirans, également mécontens, s'exhalent en regrets: on méconnoît le mérite, la vertu, les

lumières : chacun vante les sacrifices qu'il
a faits, les services qu'il a rendus, les suffrages qu'il avoit obtenus, et dit tout haut
qu'on en use à son égard avec trop d'in-
gratitude. Les places les plus difficiles à
remplir, elles ne sont point redoutées ;
au contraire, elles sont recherchées indis-
crètement, tandis qu'il seroit à souhaiter
que le citoyen ne pût être législateur ou
remplir d'autres fonctions importantes,
qu'après avoir acquis à la fois l'âge, les
connoissances et l'expérience convenables
à un sérieux ministère.

Chapitre CCLXVI.

Ambassadeur Turc.

Il y avoit en 1788 un phénomène moral bien singulier en Europe: un grand peuple, jaloux de sa liberté, épris de passion pour un peuple qui en est l'ennemi; un peuple ami des arts pour un peuple qui les dé-teste; un peuple tolérant et doux pour un peuple persécuteur et fanatique; un peuple sociable et gai pour un peuple sombre et haîneux; en un mot, les Français s'étoient épris de passion pour les Turcs, voilà ce qu'avoit dit Volney.

Le dernier ambassadeur turc vient de faire son entrée: elle a été peu brillante. Il n'a fait de sensation que 7 à 8 jours;

on le rencontre par - tout, et par - tout on le voit avec indifférence. On ne s'entre-tient ni de son turban ni de ses usages particuliers ; les petits spectacles l'invitent tour à tour, comme un supplément à leurs pièces de théâtre ; on ne fait pas même réflexion qu'il n'a point reçu le baptême.

On lui racontoit qu'il venoit de se passer un grand événement à Paris, le 18 Fructidor ; et que le Directoire avoit triomphé. Après avoir écouté avec le plus grand sang - froid, il demanda combien il y avoit de têtes sur les murs du palais directorial. — Pas une : on n'a pas même versé une goutte de sang. — Il ne pouvoit revenir de sa surprise. On lui fit lire le même jour sur les murs de Paris : „ Ré-„compense honnête à qui trouvera un beau „ministre de Louis XVII, tout couvert „d'acier de la belle fabrique de Versailles. „On ne sait ce qu'il est devenu depuis la „fameuse journée du 18 Fructidor. Ceux „qui pourront en découvrir quelques in-„dices, sont invités à les faire connoître au

„citoyen *Thibaudeau* qui donnera récom-
„pense honnête.“

Il fut très-surpris de voir que nous avions des chevaux non-seulement beaux, mais encore plus beaux que les siens. J'ai vu un homme de sa suite monter le coursier le plus élégant et le plus svelte; et quoiqu'un vers de Virgile peignant le coursier qui frappe la terre de bonds égaux, soit admirable, il est encore plus beau de le voir courir en liberté, la crinière flottante, et les nazeaux respirant la flamme. Une pareille image ne peut jamais s'éteindre, quand on aime à voir dans sa course ce superbe animal.

Ce qui fait rire, c'est qu'outre un éventail rond qu'il tient, et dont il use fréquemment quand il est au spectacle, un homme de sa suite lui donne du vent avec un autre grand éventail: c'est vraisemblablement le même officier qui au dîner, lui chasse les mouches.

On avoit fait courir le bruit qu'il avoit fait mettre à mort quelqu'un de sa

suite convaincu d'un vol chez un bijou-
tier; le fait étoit faux; mais l'on exami-
noit déjà de quelle manière l'ambassadeur
seroit jugé; et les idées philosophiques et
républicaines se mariant ensemble, on
concluoit qu'il ne pouvoit pas échapper à
une peine capitale. On n'eût pas raisonné
de cette manière en 1740, car l'on pensoit
alors que l'inviolabilité d'un ambassadeur
turc s'étendoit jusqu'à exercer dans son
hôtel le droit de vie et de mort.

Chapitre CCLXVII.

Bon à savoir.

On sait aujourd'hui que *Monsieur* de Blankenbourg étoit le plus grand ennemi de son frère et de son roi, qu'il préparoit sourdement toutes les embûches où il pouvoit tomber, croyant recueillir pour son compte tout le fruit qui résulteroit de sa perte. C'étoit un bel esprit que ce *Monsieur;* et comment passoit-il pour tel? Le voici: voici comme monseigneur avoit de l'esprit douze fois par semaine, et pouvoit parler devant un cercle d'Académiciens. Il pouvoit parler, dis-je, à peu près par le même procédé que la poupée parlante des Boulevards répondoit aux demandes des crédules et curieux Parisiens.

Un nommé *Ferès*, son valet de chambre, secrétaire, lui communiquoit sur des sujets préparés et convenus, les demandes et les réponses. Quand monsieur sera *) à son petit lever, disoit *Ferès* à Monsieur, j'ouvrirai une question difficile. Sur ce sujet, ses favoris présens donneront la torture à leur esprit pour la résoudre; et sur le champ, par une réponse adroite et imprévue, monsieur les tirera d'embarras, et tout le monde alors s'écriera: *Monsieur est un puits de science; monsieur est le prince le plus instruit du royaume.*

Le comte de Provence gorgé périodiquement de l'esprit de son secrétaire, ne rappelle-t-il pas la voix humaine de l'orgue qui ne résonne si plaisamment que par l'intermédiaire de l'organiste caché derrière les tuyaux. Au tems présent, il y a des fournisseurs d'esprit et plus que jamais.

---

*) On ne parloit aux princes qu'à la troisième personne.

C'est que tous les hommes en place en ont besoin plus ou moins ; et quand ils ne font pas ou ne peuvent pas faire, ils font faire.

Il y a donc des fournisseurs de tout genre, fournisseurs de pain, fournisseurs de viande, fournisseurs de vins, de vinaigre, d'eau-de-vie, fournisseurs de harnois, de selles, de bâts, fournisseurs de chandelles, de pipes, de jambes de bois, de béquilles, enfin des fournisseurs d'esprit, mais ce sont ceux qui gagnent le moins, parce qu'on n'y a recours qu'à la dernière extrémité, et que l'on marchande encore.

Chapitre CCLXVIII.

Les Titus.

Petits êtres aux cheveux courts et noirs, qui affectent la coîffure de l'empereur romain, fils de Vespasien et amant de la belle et chaste Bérénice. Ces petits chevaliers du trône ont créé une allusion vague; et le mot de Titus équivaut pour eux à celui de Louis XVI. Les cheveux d'emprunt qui ne couvroient jadis que la nuque des médecins, des avocats, des baillifs, des procureurs-fiscaux, remplacent la chevelure que quelques excès leur ont fait perdre. Ces Titus sont en bottines, ils ont la jambe fine, et la plupart sont étiques; ils portent sur l'épaule un bouton

VI.   Q

décoré de l'illustre nombre (et vous vous en doutez déjà, lecteurs) du nombre XVIII; il est placé presque à l'endroit où le bourreau gravoit autrefois les *fleurs-de-lys:* on dit que cette maladresse a effrayé beaucoup de leurs partisans, et pour cause; ce qui nuit aux progrès de cette noble association de Titus.

Si vous les abordez, ils préludent par un gémissement de commande: ils vous disent: J'ai été à Marly, et je n'ai plus trouvé de Marly. On diroit que la conservation de toutes ces maisons royales importoit au repos de l'Univers; on n'auroit pas dû détacher un clou ni rompre une armoire. Tous ces Titus figurent les panégyristes d'un prince clément et bon qui eût consenti à la ruine de la Capitale et au démembrement de la France, pourvu qu'on l'eût laissé boire, faire des serrures, et tuer des cerfs. Auroit-on imaginé que la mode, quoiqu'elle soit une divinité bien plaisante et bien bizarre, eût amené parmi nous les Titus, qu'ils se diroient tout bas

les vengeurs du trône, et que cette inepte
effronterie se logeroit dans des corps de
Pygmées, tandis que les patrouilles de ré-
publicains qui ont marché à la prise de la
Bastille, se sont avancées depuis jusqu'à
Rome, jusqu'à Berne, jusqu'aux portes de
Vienne, et bientôt jusqu'à Londres?

Chapitre CCLXIX.

Tolérance.

Je ne veux point parler de cette vertu recommandée par tous les philosophes, et qui convient si bien à l'ignorance et à la foiblesse de l'espèce humaine, je veux parler de l'espèce de patente que la police distribue à tous les banquiers de biribi, de trente-un et de l'athénienne : avec cette pancarte, ils repoussent tous les assauts des Juges-de-paix. Leurs maisons de jeu sont aussi ouvertes et aussi tranquilles que s'ils distribuoient des petits gâteaux : tous les habitués entrent et sortent en plein jour, comme d'un Café ; c'est un talisman vainqueur pour n'être jamais saisi ni traduit au Tribunal de police correctionnelle. Le banquier que l'on voudroit arrêter, tireroit de sa poche un papier, et diroit en souriant, halte-là; voilà ma tolérance.

Un principier, un de ces hommes qui n'ont que ces mots dans la bouche, les lois!..... les principes!..... aura beau suffoquer de colère, crier qu'il existe une loi qui prohibe les jeux de hazard, et qui, tant qu'elle ne sera pas rapportée, doit être exécutée à la lettre, la police n'en a pas moins affermé toutes les maisons de jeu pour 120000 liv. par mois.

Cette somme est destinée pour la recherche des malveillans de toute espèce qui infestent la République, pour la surveillance même des tripots payans et pour en écarter les escrocs et les filous trop prononcés; c'est ainsi qu'on régularise un désordre inévitable, et qu'on diminue la masse des vices, lorsqu'il est impossible de les extirper tout à fait; c'est ainsi que l'on concentre un fléau pour qu'il n'étende pas plus loin ses ravages. On a souvent écarté de ces repaires qui engloutissent les fortunes particulières, l'honnête père de famille instruit ou protégé par les surveillans de la police.

Le grand art de gouverner une immense population, est de savoir composer avec les hommes et leurs penchans : heureux encore, lorsqu'en politique on peut empêcher le crime et les forfaits, en tolérant quelques abus qui détournent l'homme des excès dont il est susceptible. O moralistes en théorie, vous perdez votre encre et votre papier !

Chapitre CCLXX.

Cache.

C'est dans le langage de la révolution, un asyle secret que les proscrits s'étoient ménagé lors de la tyrannie décemvirale.

Des hommes de bien ne purent trouver à Paris une cache: un ouvrier décela la cache de Rabaud-St.-Etienne, croyant n'indiquer que le réceptacle de quelque argenterie.

Quoi! du tems de Robespierre, n'y avoit-il donc plus ni parens, ni frères, ni amis? Et n'y avoit-il pas dans la France entière une cache pour y sauver ou Condorcet, ou Vergniaud, ou Lavoisier, ou Brissot, ou André Chénier? Condorcet fut chassé de son asyle, puis contraint d'errer dans les bois. Qui a su sauver dans cet immense Paris un seul homme célèbre? O foibles humains! faut-il encore travailler pour vous?

L'art de subjuguer une nation, est donc l'art de la terrifier. Charrette s'est soutenu en terrifiant la plus grande partie des métayers. La Convention nationale a été terrifiée par Robespierre. Que de législateurs n'auront d'autre excuse à alléguer devant la postérité que ces mots: Nous étions terrifiés! Les Romains ont bâti des temples à la peur: la nation française en masse lui doit un large autel.

Je suis rentré dans cette salle d'où l'on avoit banni les représentans du peuple les plus fidèles à leurs sermens: mais quel lamentable coup-d'oeil! ici, à cette place où siégeoit mon généreux collègue, je voyois son corps sans tête. Je ne m'en cache point, j'ai abhorré cette enceinte dont les murs ont été si long-tems encroûtés de l'encens prodigué par la sottise

populacière à la tyrannie effrénée. J'aspi-
rois à passer promptement dans un autre
local.

Je me disois : Ici, ont été exposées en
parade les effigies de tous les pourvoyeurs
d'échafauds ; là, j'ai entendu les vociféra-
tions des furies de Guillotine : ici, j'ai été
témoin des attentats de Prairial ; là, des
tableaux hideux épouvantoient l'oeil sensible ; et tout, jusqu'à la palette du peintre,
avoit pris la teinte cadavéreuse. Je vois
la tribune où le farouche Amar a demandé
la mort de tant d'hommes vertueux : et il
n'a pas été puni sur l'heure ! et il ne l'est
pas encore ! Non, cette tribune est à jamais souillée.

Mais des fractions du peuple ne
peuvent plus se dire la Nation ; des com-
missaires de l'Assemblée n'iront plus dé-
ployer le faste et la tyrannie proconsu-
laire. Notre édifice constitutionnel est solide et majestueux : il durera, parce qu'il
assure au gouvernement toute l'unité et
l'intensité d'action dont il a besoin : il a

pris pour base la puissance démocratique par la division des pouvoirs, et en assurant au peuple l'exercice de sa souveraineté dans les Assemblées primaires; et il s'est donné pour somme un pouvoir exécutif physiquement moins dangereux et métaphysiquement moins inébranlable que celui d'un seul. Le gouvernement actuel de la France est le gouvernement des choses; et quand les choses sont bien comprises, le pouvoir des hommes est presque nul.

Chapitre CCLXXI.

Drapeau dans les temples.

Au-dessus des chaires évangéliques, l'ancienne religion chrétienne figurée, porte au bout d'une verge un drapeau tricolor où se trouve cette inscription : *Liberté des cultes.*

Le prêtre catholique monte en chaire et fait son sermon devant les tableaux où sont écrites en très-grosses lettres, les maximes théophilanthropiques. Il sera difficile de rencontrer désormais des Bourdaloue et des Massillon. Quelques églises sont remplies aux fêtes de la Pentecôte et de Pâques, mais les tavernes le sont beaucoup mieux encore : les Tivoli, les bos-

quets de Paphos et d'Idalie entraînent la
foule; et il n'y a plus que les femmes sans
jeunesse qui assistent aux débris du culte
catholique, jadis si brillant.   Il fait tout
pour recouvrer sa splendeur; il n'en vien-
dra pas à bout: il lutte, mais il ne peut
pas tenir devant toutes les idées nouvelles,
et les usages qui le repoussent insensible-
ment dans le ridicule et dans l'oubli.